Travel with kids 第2版

畅游世界 在旅行中成长

带孩子游澳大利亚

《亲历者》编辑部 编著

中国铁道出版社
CHINA RAILWAY PUBLISHING HOUSE

图书在版编目（CIP）数据

带孩子游澳大利亚 /《亲历者》编辑部编著 .—2 版 .— 北京：中国铁道出版社，2017.5
（亲历者）
ISBN 978-7-113-22747-0

Ⅰ.①带… Ⅱ.①亲… Ⅲ.①旅游指南—澳大利亚 Ⅳ.①K961.19

中国版本图书馆CIP数据核字（2017）005824号

书　　名：带孩子游澳大利亚（第 2 版）
作　　者：《亲历者》编辑部 编著

策划编辑：聂浩智
责任编辑：孟智纯
编辑助理：杨　旭
版式设计：袁英兰
责任印制：赵星辰

出版发行：中国铁道出版社（北京市西城区右安门西街 8 号　邮码：100054）
印　　刷：北京顶佳世纪印刷有限公司
版　　次：2015 年 9 月第 1 版　2017 年 5 月第 2 版　2017 年 5 月第 1 次印刷
开　　本：880mm×1230mm　1/32　印张：8　字数：280 千
书　　号：ISBN 978-7-113-22747-0
定　　价：48.00 元

小孩赏澳大利亚国花

前言

当你踏上澳大利亚这片土地，肯定会被这里与众不同的气候与自然景观深深吸引。这里明媚的阳光、美丽的沙滩、湛蓝的海水等，无一不透露着迷人的魅力。神秘的大堡礁、神奇的波浪岩、萌态可掬的考拉、跳跃的袋鼠、可爱的小企鹅，以及精彩的原住民表演，使这里成为一个妙趣横生的亲子游胜地。

澳大利亚这个让人魂牵梦绕的国家，有浪漫别致的海滩、惊险刺激的高山雨林、引人瞩目的红土岩石、珍奇稀少的濒危生物、名目繁多的娱乐项目等。带着孩子在这里，可以冲浪、游泳、垂钓、滑雪，可以乘船出海远航，可以乘帆船搏击风浪，可以沉潜海底与鱼儿共舞……这时你会发现，自己已无法用语言来形容澳大利亚的美，只有亲身去感受它。无论走到哪一个角落，你都可以在旅行中寻找到不同的乐趣。

被称为“日晒之乡”的澳大利亚，即使在灼热的沙漠里，也会发现茂密的植被和绿色的水潭，还将看见红色的山丘和美丽的日落，恐龙的足迹和原住民的岩刻，以及个性独特的人物和乡村酒馆。在这旷远的空间里，每转一个弯都可能有新的冒险在等待着你。

澳大利亚这个集世界各地民俗风情于一身的美丽国度，吸引着越来越多的游客带孩子前往，他们或在热带雨林徒步，或自驾于海滨公路之上，或在沙滩上漫步，或在海洋中遨游，或品尝新鲜的海鲜，或开启一段自由畅快的沙漠之旅……总之，澳大利亚非常适合带孩子一起旅行，当你们大手牵小手漫步在白色的沙滩上，并细数一串串脚印时，定会给孩子留下最纯真、最美好的回忆！

本书介绍了澳大利亚热门的旅游城市，如悉尼、堪培拉、墨尔本、布里斯班、凯恩斯等，对城市中孩子感兴趣的主要景点做了详细阐述，并提供了详细的资讯信息，且有亲子行程百搭供你参考。另外，书中导读及文前部分则为你提供了详细的旅行计划、准备资料以及吃住行购等方方面面的信息，以帮你应对旅行中所遇到的问题。

如果你正想带孩子去澳大利亚旅行，圆孩子心底一个美丽的澳大利亚梦，那么就不要犹豫，抓紧时间，整理好行囊，带着此书前往吧，相信本书能给你带来最贴心的帮助，让你的澳大利亚之旅畅通无阻。

目录

PART1：带孩子出行的那些事
043
101

PART2：带孩子游悉尼
103
135

PART4：带孩子游墨尔本 159 >> 187

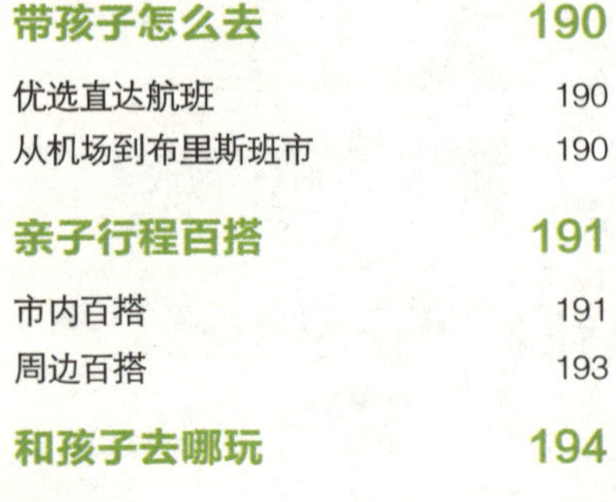

PART6：带孩子游凯恩斯

215 >> 239

PART7：带孩子游其世景点

241 >> 247

附录

248 >> 255

悉尼歌剧院

畅游世界，在旅行中成长

带孩子游澳大利亚

导读
边学边玩
游澳大利亚
015
041

和爸爸较量

麦克尔非常喜欢他爸爸，因为爸爸经常带他去钓鱼，和他玩游戏。天冷的时候，爸爸和儿子一起坐在火炉旁掰手腕比手劲。爸爸不喜欢看电视新闻，却十分喜欢和儿子玩拼字游戏。而且，爸爸任何时候都守信用，说出口的话一定会兑现。

麦克尔的爸爸比较注重餐桌礼仪。有一天，麦克尔钻到桌子底下，偷听到爸爸的老板要来家里吃饭，于是他很苦恼，因为家里平时一有客人，特别是比较重要的客人，爸爸就更加讲究餐桌上的礼仪，此时倒霉的当然是麦克尔，平日里用餐时爸爸就经常教育麦克尔，他不知道自己这次又要挨多少批评，即使爸爸妈妈约定好这次一定不会批评麦克尔。

麦克尔听到父母的约定后，心里开始紧张地盘算："爸爸已经发誓吃饭时不会再教训我，可我得想办法让他没法遵守誓言。这实际上也很容易，只要我把汤喝得咕噜咕噜响，他肯定要发火，他最烦喝汤时出声，甚至会冲我大声嚷嚷。要是这方法不行，还有许多别的手段。反正，爸爸不可能自始至终不发火。这下，可好玩了。"

那天晚上，妈妈在餐桌上

铺了新桌布，摆出最好的刀叉和平常摸都不让麦克尔摸的大盘子，并且把就餐用的毛巾折成好看的花朵状。一切都表明，这是一个非常重要的晚餐。往常，麦克尔家吃饭很简单，也很少用就餐用的毛巾。

大家都坐好了准备用餐，麦克尔和爸爸的较量便正式开始。当三鲜汤和小面包卷被妈妈端上来后，麦克尔开始大声喝汤，但谁也没说什么。于是，他拖长声音把汤喝得更响了，那咕噜声持续不断地响着，好像谁把盛满水的浴缸塞子一下拔掉了似的。爸爸清了清嗓子，但什么也没有说。麦克尔开始玩新花招。他把面包卷浸在汤里，然后把弄得烂糟糟的面包提起来举过头顶，又张大嘴巴，让一块块湿塌塌的面包往嘴里掉，同时咂巴着嘴，发出刺耳的响声。他看没人理他，又如法炮制，浸湿了更大一块面包，这回面包没有掉进嘴里，而是砸在麦克尔的眼睛上，他也因此龇牙咧嘴大声唏嘘了一番。

麦克尔偷偷望望爸爸，心想：“看我再来一招！”于是，麦克尔把吸空的鸡骨头放进蛋奶沙司碗中，然后，像用吸管吸可口可乐似地吸骨头里面的蛋奶。爸爸使劲清着嗓子，通红的脸一阵抽搐。

“麦克尔。”他开口了。

“他要垮了。这游戏我赢了。”麦克尔暗暗高兴。

“嗯，什么事？”麦克尔含了一嘴蛋奶，故意装出一副恭恭敬敬的样子。

“没什么。”爸爸低声嘀咕道。

“爸爸真棒！瞧他快承受不住了，可还是遵守誓言。”麦克尔很钦佩父亲。

麦克尔对爸爸说：“我不是个坏小孩，我只想看看爸爸守不守信用。现在，我彻底证实了爸爸是说话算数的，我自己也会像爸爸那样说一不二的，当然，麦克尔要向爸爸妈妈保证的是，今后吃饭一定会遵守规矩。”

外空人遇险记

悉尼小朋友乔治和卡西，在一座空洞的旧小屋里发现了一个特别的男孩。这个男孩长得跟澳大利亚小朋友一样，并没有什么特别的，不过他的眼睛有强烈的视线，走起路来轻得像一片枯叶，跳起来像失重状态那样停不下来。他是乘坐太空飞船来自其他星球的外星人。

乔治和卡西叫他火星人马丁。马丁彬彬有礼，善良友好且智力超群，很快和孩子们成了好朋友。孩子们认为和一个外空来客交朋友是一件兴奋的事。可是大人们知道了马丁的存在，就要捉这个太空人。孩子们担心他一个人会遇到麻烦，一放学就到小屋来看他，觉得和他在一起受到的教育要比学校里多得多。

马丁对地球上的东西都觉得新鲜有趣。他把乔治和卡西带给他的早餐——水果和香肠，挂起来做装饰。他对乘坐轮渡非常感兴趣，看着群众蜂拥进站时的情景，高兴极了。有时他们一起去街上散步，或者坐电气列车去看大街上的热闹景象。有一次乔治和卡西带马丁上街买东西，在摆满东西的商店货架上挑选好东西后，乔治和卡西告诉马丁说："递过去一个硬币或者一张钞票，这东西就变成了我们自己的了。"马丁觉得这就像是一次新奇的购物之旅，带有一种冒险感。就在这一次购物中，警察认为马丁形迹可疑，在拥挤的人群中，卡西一把抓住马丁拼命地逃，最后逃脱了警察的追捕。回到小屋，他们对马丁说："地球上的大人打听到太空来了人，认为这个太空人只能是个外空来的间谍，外空人要来征服地球了，这已经引起了人们可怕的大吵大闹，慌乱成一片。"

乔治和卡西决定要把马丁藏起来。马丁睡觉要放光，会被人发现，怎么办呢？终于乔治发现了一家小咖啡馆招牌的霓虹灯光很像马丁睡觉时放的光，便让马丁睡在招牌遮篷上的壁架底下，在这样一个地方，很难被人发现。可是白天怎么办呢？乔治又想起地铁有一段废弃不用的隧道。在这个时候，警察、教授、医生、研究人员整天围着小屋，决定要抓这个太空人。另外一边许多国家联合起来，联合国集合军队在悉尼海岸外，以演习为名等待袭击太空船，准备宇宙大战，这引起了一场大风波。

经过一番周折马丁在孩子们的帮助下，乘戴维的小船，避过雷达搜索，来到海上，及时乘上太空船，回外空去了。

袋鼠阿波拉（节选）

阿波拉是一只小袋鼠，他出世好几个月了，已经能够甩开细腿和大袋鼠们一起奔跑了。但一犯困或者感到害怕，阿波拉仍然喜欢跳到妈妈诺尔达身上的育儿袋中。每当这个时候，阿波拉总会被妹妹克罗拉埋怨一通，因为俩人同时待在妈妈的育儿袋中实在是太拥挤了。

有一天，天气异常炎热，阿波拉和克罗拉又在妈妈的育儿袋中争吵起来。兄妹俩互不相让地吵闹了好一阵，终于安静下来，谁也不愿理睬对方。突然，细声细气的克罗拉还是要冷冷地将阿波拉赶出育儿袋，阿波拉当然不舍，后来克罗拉带着哭腔喊道："诺尔达根本不是你的生母，但她确实是我的生母。"阿波拉惊呆了，过了半晌，他才抬起头问诺尔达："是这样的吗，妈妈？""看来，该让你知道过去的一切了。"诺尔达叹了口气，缓缓地讲起了往事。

几个月前，天气还比较凉爽，诺尔达经常和伙伴们一起在丛林中嬉戏。有一天，6名原住民拿着长矛到处捕捉袋鼠。诺尔达的好几个伙伴都被刺死了。她自己也被刺中了肩膀，无法和别的袋鼠一起逃跑，落到了原住民手中。日落西山时，原住民准备扛着猎物回家。他们清点猎物时发现，这天他们一共刺死了六只袋鼠，加上受伤的诺尔达，总共捕获七只袋鼠，但他们

才六个人，谁也不愿意多扛一只袋鼠。于是，他们决定放走诺尔达。说着年轻人把手伸进一只已经死去的母袋鼠的育儿袋中，不一会儿，他咯咯笑着掏出一只小小的袋鼠。小袋鼠大概只有一英寸长，周身发红，光溜溜的没有一根毛发，而且前后腿的长短也没有什么区别。年轻人把小袋鼠传给旁边的同伴们看时，可怜的小袋鼠只能在这些人的手掌上无助地蠕动，因为它太小了，还看不见任何东西。这只出生才一周左右的小袋鼠，就是后来的阿波拉。

接着，年轻人张开诺尔达的育儿袋，轻轻地把小袋鼠放在里面，然后托着小袋鼠，一直等到小袋鼠用嘴唇摸索着咬住育儿袋里面的一根哺乳线时才松手。诺尔达的育儿袋中有好几条短短的哺乳线，其中一条已经在哺育她自己的宝宝克罗拉。

年轻人满意地大笑起来，叫同伴放走诺尔达。诺尔达跌跌撞撞站起身，向前轻轻跳了一步。“跳一跳，蹦一蹦，跳跳蹦蹦回家去吧！”六名原住民笑着拍手、高喊。诺尔达赶紧拼足力气向前跳，她跳出的步子在空中划出一道道弧线，像彩虹般优雅。诺尔达心里也乐开了花，她感觉自己是世界上最幸运的袋鼠，不仅大难不死，而且新添了一名家庭成员。

诺尔达带着伤痛，护卫着两个孩子，一路颠簸了好几天，终于又找到了她所在的袋鼠群。不久，在朋友们的关心照顾下，诺尔达的肩伤痊愈，胃口也好了起来，阿波拉和克罗拉也因此长得更快了。

后来，阿波拉和克罗拉能够跳出育儿袋去玩耍、吃草，再跳回育儿袋。妈妈诺尔达也逐渐意识到自己的负担越来越重。现在，她带着两个孩子活动时，育儿袋简直拖到了地上。可阿波拉和克罗拉还不能完全离开育儿袋独立生活，而育儿袋空间又有限。诺尔达决定将阿波拉的身世讲给两个孩子听。“我把这一切都告诉你们，”诺尔达语重心长地加了一句，“是想强调一点，阿波拉虽然不是我亲生的，但他从小和克罗拉一起吃我的奶长大，对我来说他就是我的亲生儿子，希望你们俩也能永远像亲兄妹一样互相关心、互相爱护。”

接下去的几天中，诺尔达的育儿袋确实安静了不少，阿波拉和克罗拉似乎都变得彬彬有礼了。阿波拉明白，按道理他确实没有权利和克罗拉分享育儿袋。所以，他不愿再去和克罗拉唇枪舌战。在他的内心种下了一颗坚强的种子，他不断地暗暗告诉自己，让自己变得更加坚强，来保护母亲和妹妹，努力地学习自我生存能力，不断地增强自身的意志。从此，他开始了自强不息的奋斗之路。

阿维·阿斯频纳尔的闹钟

这天，下着大雨，凌晨四点钟，一位警官经过一家工厂大门口，看到石阶上有一个小男孩在睡觉。他上去询问，得知他叫阿维·阿斯频纳尔。他因为家里没有钟，害怕上工迟到，所以大清晨的到厂门口来等候。

这件事，在新闻报纸上刊载后，有一位社交名媛为此发起募捐，给阿维买了一个闹钟。

报纸披露，这位社交名媛就是这家工厂主的一位千金。复活节假期中，阿维一直伤风得很厉害。

今天是假期最后一天了。阿维对妈妈说：“我好多了，瞧，我的咳嗽也被赶出来……”话没说完，被“赶出来”的咳嗽让他咳得喘不过气来。

“你不能去上工，去了会送命的！”妈妈想到可怜的、瘦弱的小阿维像个大人似的挣扎着来帮助家里，心都酸了。

“明天非得上工，妈，我们不能等着饿死，请把闹钟给我。”妈妈无可奈何，把闹钟递给了他。

阿维知道这闹钟有毛病，两个晚上都打错时间，不过还是试一试吧。他把发条上紧，对准早晨五点钟的时针，就迷迷糊糊睡着了。妈妈轻轻地把闹钟往后拨了两个钟点，想让他好好休息。过了一会儿，阿维突然直挺挺坐起来，急匆匆他说，“妈，我想闹钟已经响过了。”没等回答，他又突然躺下睡去了。一会儿他又说起了梦话：“好像再过一会儿就要……就要……”雨停了，月光不分彼此地覆盖着贫民窟与富丽的别墅。阿维家的破房子里，除了几颗星星外，再看不见更大的一块苍天；而工厂主的府邸则洒满了月光。那位千金正在灯火辉煌的大厅里朗诵一篇关于小清道夫的悲惨故事，博得了一群高等人士的热泪。

夜深人静，突然闹钟刺耳般地响了起来。大概闹钟又出毛病了，妈妈痛苦地想，阿维一定要起来了。可是阿维没有动静。之后，小阿维再也不用那么辛苦，他到了一个幸福的世界，过着无忧无虑的日子。

澳大利亚地理

细数澳大利亚
地理之最

最大的湖泊

北艾尔湖

北艾尔湖位于澳大利亚境内南部，实则是艾尔湖一个较大的分支，为澳大利亚最大的湖泊。北艾尔湖最不寻常的特点是湖中难得有水，这个地区的年降水量不足127毫米，大部分时间里都只是干涸的湖床，只有间歇河流注入。北艾尔湖位于澳大利亚的最低部位，1840年欧洲人爱德华·约翰·艾尔最先看到此湖，该湖也因此得名。

北艾尔湖档案

分类	详情
中文名称	北艾尔湖
外文名称	North Lake Eyre
特性	时令湖
孩子玩点	孩子可参与垂钓和泛舟，钓上鱼后跟父母一起户外烧烤，闲来嬉水
面积	约8200平方千米
湖面平均海拔	-16米
湖中生物	微生物较多
周围的野生动物	塘鹅、白海鸥、红颈鹬、高脚鸟及鸥嘴噪鸥

最大的珊瑚礁

大堡礁

大堡礁素有透明清澈的“海中野生王国”之称，是世界七大自然景观之一。由绚丽多彩的珊瑚礁组成的珊瑚岛宛如碧绿的翡翠散落在海中，熠熠生辉，而若隐若现的礁顶如艳丽花朵，在碧波万顷的大海上怒放。在礁群与海岸之间有一条极方便的交通海路，风平浪静时，游船在此海路通过，船下连绵不断的多彩、多形的珊瑚景色，成为吸引世界各地游客来猎奇的最佳海底奇观。

你知道大堡礁形成多久了吗？

大堡礁形成于中新世时期，距今已有约2500万年的历史。它是第四纪冰河时期后，海面上升到现在位置之后一万年来形成的。如今，它的面积还在不断扩大。

大堡礁档案	
分类	详情
中文名称	大堡礁
外文名称	Great Barrier Reef
特性	珊瑚群
孩子玩点	品尝200多种海鲜、乘坐直升机俯瞰百态珊瑚礁、乘坐游艇观赏壮丽的海景
面积	20.7万平方千米
岛屿组成	630多个
珊瑚礁岛	2900个
海中生物	400余种珊瑚 、1500种鱼和4000多种软体动物

最长的河流

墨累河

墨累河是澳大利亚的主要河流，发源于新南威尔士州东南部的派勒特山西侧，从新南威尔士州和维多利亚州的大部边界穿过休姆水库，注入印度洋的因康特湾。墨累河由数十条大小支流组成，其中包括达令河、拉克伦河、马兰比吉河、奥文斯河、古尔本河和洛登河等。墨累河上游依靠山地降水、雪水供给，虽未断流，但水位很低。

墨累河档案	
分类	详情
中文名称	墨累河
外文名称	Murray River
特性	澳大利亚最长、最大的河流
长度	3719千米（以达令河为源）
流域面积	约100万平方千米
年平均径流总量	236亿立方米
主要工程	雪山调水工程
孩子玩点	到两岸的葡萄园、果园体验采摘的乐趣

最高的山峰

科修斯科山

科修斯科山位于澳大利亚大陆东南部的新南威尔士州境内，是澳大利亚山脉的最高峰。科修斯科山海拔2230米，由花岗岩构成，其顶部冬季有积雪，并有古冰川遗迹；海拔1700米以下多森林，以上为夏季牧场。波兰探险家斯切莱凯于1839年发现此山，并以波兰英雄塔迪乌什·科修斯科的名字为其命名。每年12月，这里都会举行从山脉的海岸附近跑至山顶的超马拉松比赛。

科修斯科山档案

分类	详情
中文名称	科修斯科山
外文名称	Mount Kosciusko
特性	澳大利亚山脉的最高峰
孩子玩点	滑雪、登山
构成	花岗岩
海拔	2230米

最美的沿海公路

大洋路

大洋路位于墨尔本西部，经过多年开发已成为世界最长沿海公路之一。在悬崖峭壁中间开辟出来的大洋路，全长276千米，沿途奇景迭出，沿岸的壮阔波澜和笔直绝壁堪称是大自然鬼斧神工的杰作。在大洋路自驾是一种令人难以忘怀的体验，此时除欣赏沿海美景外，这里还有很多看点，比如十二使徒岩、洛克阿德大峡谷、伦敦断桥和独具魅力的安格尔西野地。

大洋路档案

分类	详情
中文名称	大洋路
外文名称	Great Ocean Road
特性	最美海滨公路
孩子玩点	自驾游览沿途自然风光
全长	276千米
周边景点	十二使徒岩、洛克阿德大峡谷、伦敦断桥、菲利港、安格尔西野地

最著名的建筑

悉尼歌剧院

悉尼歌剧院坐落在悉尼市区北部，不仅是悉尼艺术文化的殿堂，而且是悉尼的灵魂，每天都有来自世界各地的观光客络绎不绝地前往参观拍照。悉尼歌剧院设备完善，效果优良，是一座高品质的音乐、戏剧演出建筑。它那濒临水面巨大的白色壳片群，像是海上的船帆，又如一簇簇盛开的花朵，在蓝天、碧海、绿树的衬映下，婀娜多姿。这座建筑已被视为世界的经典建筑并载入史册。

悉尼歌剧院档案

分类	详情
中文名称	悉尼歌剧院
外文名称	Sydney Opera House
特性	艺术文化殿堂
孩子玩点	欣赏歌舞剧、品尝周边美食
建立时间	1973年
设计者	约恩·乌松
规模	容纳7000余名观众
外观	三组巨大白色壳片组成

最大的沙岛

费沙岛

费沙岛是全世界最大的沙岛，是一个与众不同的栖息之地。这个位于澳大利亚昆士兰北部沿岸对开的岛屿，有大型的沙丘、森林、河流以及位处高地的淡水湖，可谓是大自然的杰作。费沙岛是个玩乐天地，在岛上，你可以驾驶四驱车畅游沙滩，或在岩石之间游泳，或参观野生动物、雀鸟和鲸鱼。而岛上的荷维湾是个家庭娱乐的理想地，这里有儿童乐园和驼背鲸，很多钓鱼人士和船主都喜欢到此游玩。

费沙岛档案	
分类	详情
中文名称	费沙岛
外文名称	Fraser Island
特性	沙岛
孩子玩点	观鲸、游泳、沙滩、乐园等
长度	约120千米
景区	白沙湖、75里海滩、爱丽泉等
岛上的小动物	230余种雀鸟和20余种哺乳类动物，包括小袋鼠、飞狐、负鼠和澳大利亚纯种野狗等

最早人工建造的国家公园

皇家国家公园

皇家国家公园建于1879年，是澳大利亚最早建立的国家公园。这里拥有令人眩晕的悬崖、幽静的海滩、茂密的雨林、与世隔绝的海边社区和可爱黄尾黑身美冠鹦鹉。同时这里简直是一个玩乐天地，你可以在碧蓝的海水中游泳，在冲浪乐园冲浪，此外还可以露营，或租划艇、独木舟、皮筏和水上自行车在湖中尽情地玩耍，享受这悠闲的快乐时光。

皇家国家公园档案	
分类	详情
中文名称	皇家国家公园
外文名称	Royal National Park
特性	世界第一家人工建造的国家公园
孩子玩点	露营、骑自行车、划艇、赏花、游泳等
面积	165平方千米
建立时间	1879年
主要景观	冲浪海滩、袋鼠溪、雨林

百玩不厌的首选地

澳大利亚亲子游TOP榜

最值得带孩子游览的7大动物园

库胡努考拉公园

库胡努考拉公园位于西澳州，是专门为考拉建造的公园。在公园参观时，有机会与这些胖乎乎的动物近距离接触，可是考拉绝大部分都处在睡眠状态，它们呆呆的挂在桉树上，连睡觉都舍不得下来，非常可爱。目前，这里有超过25只的野生考拉。带着孩子来这里，亲手摸摸这些毛茸茸的小家伙，孩子肯定非常兴奋。

卡拉卡米亚动物保护区

卡拉卡米亚动物保护区位于珀斯以东，最适合一家人来此徒步旅行。黄昏时分是体验保护区神奇魅力的最佳时间，沿着丛林小径有机会看到各种夜行动物，如袋鼠、沙袋鼠和短鼻袋狸等。但是要注意这里的步行小径一路穿过岩石遍布的丛林，十分湿滑，沿途还需要翻越小山，不适合带孩子夜间步行，可以白天的时候带孩子在丛林中散步，观看小动物。

珀斯动物园

珀斯动物园位于珀斯市，内部分为非洲大草原、亚洲热带雨林和夜行动物馆3个部分。这里的保护工作受到全世界人民的尊敬，室内爬行动物馆内居住有蜥蜴、蛙类、蛇类和亚洲最大的蟒蛇。带孩子来这里参观，亲眼观看这些罕见的动物，他们肯定会非常兴奋。

扬切普国家公园

扬切普国家公园位于西澳大利亚，是西澳大利亚最古老的保护区之一。园中有种类繁多的动植物，树木包括有山龙眼、澳大利亚桉树、美叶桉木、木麻黄、红柳桉树等，花儿有玫瑰、袋鼠爪等。公园还为当地的几种哺乳动物，比如灰袋鼠、黑袋鼠等提供了良好的生活环境。当然园中的袋鼠和考拉是人们的最爱，游客都很喜欢去抚摸趴在树上的考拉，和它们开玩笑，它们怪异的表情时不时会引起游客的开怀大笑。

悉尼野生动物园

悉尼野生动物园为世界上最大的室内野生动物园，同时也是世界上拥有种类最多的澳大利亚动物的室内动物园。动物世界分为10大展馆，各类动物均有自己独有的展览馆，参观每个展馆都是一次刺激的探险之旅。在这个无与伦比、世界一流的环境中生活着多种多样的野生动物，人们最喜爱的还是考拉，孩子可以同它们亲密接触，获得非凡感受。

华勒比野生动物园

华勒比野生动物园坐落在风景如画的华勒比河沿岸，这里有很多草原野生动物在开放式的自然环境中繁衍生息。在这里可以观赏世界上最奇妙的热带草原野生动物。带着孩子乘上探险客车，在开放式热带草原上开启令人惊叹的野生动物探险之旅，在专人引导下穿越草原、进入河谷，还将有机会近距离观赏河马、犀牛、长颈鹿、斑马以及其他不同种类的野生动物。

龙柏考拉保护区

龙柏考拉保护区位于布里斯班西南部，分为野生动物园和羊毛乐园两部分。野生动物园内最讨人喜欢的就是可爱的考拉，它们总是伸着胖胖的前臂抱住树干，吃着桉树叶，好奇地注视着游客；羊毛乐园内可以参观当地人剪羊毛表演，还可以尝试着挤羊奶。而在野生动物园内可喂袋鼠，更有机会抱着胖墩墩的考拉玩耍，孩子肯定会特别开心。

最值得带孩子去玩的6大国家公园

卡卡杜国家公园

卡卡杜国家公园（Kakadu National Park）是澳大利亚最大的国家公园，1981年被列入《世界遗产名录》。这里有独特而复杂的生态系统，潮汐涨落，冲积平原、低洼地带和高原，是适合各种独特的动植物繁衍的理想环境。这里还有最具文化气息的岩画艺术，精美的细线条和独特的色彩，描绘了原住民部落生活和动植物栖息环境等。

南邦国家公园

南邦国家公园（Nambung National Park）位于西澳大利亚，是澳大利亚独特的自然景观公园。公园内最有看头的当属尖峰石阵，奇形怪状的石柱遍布在沙漠中，大的似塔、小的似手指，远远望去犹如古战场上的布阵。这里还有洁白的海滩，非常适合游泳和浮潜爱好者前来游玩；宿醉湾是知名的野餐、烧烤和乘汽艇的场所。每年的春节，园中还会盛放五颜六色的野花，芬芳争艳，香气四溢。

弗林德斯·蔡斯国家公园

弗林德斯·蔡斯国家公园（Flinders Chase National Park）位于南澳大利亚，以崎岖壮丽的海岸线而闻名。公园内刺槐、山龙眼和茶树密布，并且一直延伸至隐蔽的海滩上。海岸是海豹、海狮、海鹰、鹭鸶和许多其他野生动物的天堂。原始森林和草原则是袋鼠、刷尾负鼠、针鼹鼠、巨蜥和罕见的鸭嘴兽的乐园。岛上还有很多野生考拉，在这里旅游是澳大利亚少有的几个可以看到野生考拉的地方之一。

摩顿岛国家公园

摩顿岛国家公园（Moreton Island National Park）位于布里斯班附近的摩顿岛上，有大量珍贵的动植物、自然景观及历史遗迹，是一个风景秀丽的自然之地，同时是一个自然生物的保护之地。带孩子可在公园内享受阳光、沙滩、看各色风景，还可体验各种娱乐活动，如驾车、露营、钓鱼、看鲸等。当夜幕低垂时，还可随同岛上的海豚研究中心人员去给野海豚喂食。

火焰湾自然保护公园

火焰湾自然保护公园（Park Flame Bay Nature Reserve）位于塔斯马尼亚岛东北部，与其他地方相比，这里是游客较少造访的区域。但是这里空旷的沙滩、长满青苔的巨大卵石，以及缀满各色野花的荒原都是保护公园内的绝对看点，尤其是火焰湾的白色云层以及细白沙滩交织成浑然天成的宁静美感令人赞叹不已。

利奇菲尔德国家公园

利奇菲尔德国家公园（Litchfield National Park）是达尔文南面最受欢迎的旅游胜地之一。现在这里已是一座“人间伊甸园”，内部有着葱郁的树林、壮观的瀑布、清澈见底的水潭和高大的白蚁丘。当然，这里最主要的自然景观当属布里岩石水潭、飞流直下的弗洛伦斯瀑布、托尔莫瀑布和云芝瀑布。来到这里，在如画的风景中徒步、水潭中游泳、露营扎寨都是很惬意的事情。

最值得带孩子体验的4大娱乐

潜水

澳大利亚拥有美丽的海岸线，还有大自然最奢侈的馈赠——大堡礁。到澳大利亚，潜水是一项必不可少的娱乐项目。潜水是在一种类似失重的状态下，进入一个完全不同的空间，让人彻底放松身心，在静谧的海底观赏五彩斑斓的珊瑚和各种颜色斑斓的鱼类，这是一种在陆地上无法体验的新奇感受。

TOP 2 滑雪

澳大利亚面积广阔，拥有很多滑雪场，当然是滑雪爱好者的天堂。当这里下雪时，身在中国的我们正处于炎炎烈日下，不妨此时带着孩子飞往澳大利亚，体验在纯净的冰雪世界中滑雪的乐趣。

除了体验冰火两重天的滑雪以外，这里的特色餐厅、精品购物地比比皆是，如果不想滑雪，到处走走逛逛，也一样能让你乐不思蜀。

TOP 3 乐园

作为动物王国的澳大利亚，有很多的野生动物园、植物园和主题乐园。带着孩子来到这里，完全不必担心玩什么才可以得到孩子的欢心，到了这里，让你最头疼的是选择哪个乐场游玩。这趟旅程会让一家人的欢笑声久久环绕。

TOP 4 SPA

传统的澳大利亚理疗程序和澳大利亚丛林鲜花精油带来的神奇能量，让人惊叹不已。澳大利亚原住民悠久的历史文化遗产，会使水疗之旅更加轻松惬意。做SPA时，体验全身按摩、头部护理和海底泥保养，在绝对宁静的气氛中，还可以来一个舒爽的淋浴体验，或者体验各式各样的“浸泡之乐”。

最值得带孩子参观的6大名校

悉尼大学

悉尼大学（The University of Sydney）是一所世界顶尖的研究型学府，同时也是澳大利亚和大洋洲的第一所大学。悉尼大学在全球享有很高的知名度，在法律、医学和商科卓有成就，其法学院、医学院是全澳大利亚最好的，被誉为“南半球的牛津”。学校毕业生在各领域都取得了卓越成就，从艺术家到科学家，从国家政要到奥运级健将均是该校校友。

墨尔本大学

墨尔本大学(The University of Melbourne)是澳大利亚的一所重点教育研究机构，同时也是澳大利亚最古老和最杰出的大学之一。墨尔本大学拥有高质量的研究生和世界前沿的研究培训，同时本科教育也是先进的。2015～2016年英国泰晤士报高等教育增刊评定墨尔本大学为世界排名第33位，全澳大利亚第1位。

昆士兰大学

昆士兰大学（The University of Queensland）是昆士兰州的第一所综合型大学，始建于1910年，是澳大利亚最大、最有声望的大学之一，也是昆士兰州成立最早的大学。昆士兰大学被誉为“澳大利亚常青藤名校”的联盟成员之一，其科学研究的经费及学术水平在澳大利亚的大学之中始终位居前三名。该校在艺术、人文、社会科学、建筑与工程教育上均处于领先地位，其中较知名的学科是商学、法学与医学。

阿德莱德大学

阿德莱德大学（The University of Adelaide）是澳大利亚最古老、最享有盛誉的大学之一，这个顶尖的学府位于充满活力、趣味和创造力的阿德莱德市中心。阿德莱德大学曾培育出5位诺贝尔奖得主以及多位获得罗德奖的学者，学术研究成果尤为突出。该校在自然科学、信息科技和电信与社会科学上处于领先地位，其中较知名的是医学、法学和会计。

麦考瑞大学

麦考瑞大学（Macquaire University）是澳大利亚富有创造性的大学，一直以会计和商业课程闻名遐迩。麦考瑞大学的管理学院被《世界经理人文摘》评为全球最佳商学院之一，同时其MBA课程名列澳大利亚和亚洲第一，还被《伦敦金融时报》评为全球最顶尖的40大商学院之一。

伍伦贡大学

伍伦贡大学（曾用名：卧龙岗大学，University of Wollongong）主校区被誉为“澳大利亚硅谷”，是南半球最大的信息和通信技术的研究中心之一。该校以信息技术、生物科技、电脑科学以及艺术设计等领域的教学见长，课程具有灵活性、创造性和实用性的特点，其中IT专业在澳大利亚独占鳌头，每年能从政府获得庞大的研究经费支持。这所学校是澳大利亚唯一连续6年获得澳大利亚年度优秀大学称号的大学。

最值得带孩子游玩的5大海滩

邦迪海滩

邦迪海滩（Bondi Beach）是全澳大利亚最著名的海滩。海滩两端非常适合冲浪，而中部海水平静，适合游泳。邦迪海滩位于悉尼市北部，每年都吸引很多观光客前往此处。另外，这里每年都会举办许多大型文化娱乐活动，如福利克费斯特电影节、海边雕塑节等，这无疑会给孩子带来无限欢乐。

曼利海滩

曼利海滩（Manly Beach）位于悉尼北部，是悉尼最受欢迎的海滩之一，无论什么时候海滩上总是人山人海。海滩上沙粒黄如金，大海蓝如宝石，其与海边山上五颜六色的鲜花，构成了一幅美丽的油画。在海滩上人们可以进行各种活动，如坐在岸边观赏美景、享受日光浴、海里冲浪、攀爬高山以及在海滩上野餐等，这一切使这里成为非常适合家庭度假的好去处。

黄金海岸

黄金海岸（Gold Coast）位于布里斯班以南，以金色的沙滩而得名。这里气候宜人，日照充足，是非常好的旅游度假区。这里适合冲浪和滑水，是冲浪者的乐园，海洋世界、主题公园是小孩子的游乐场。黄金海岸充满创意的海鲜大餐吸引着无数人前来这里品尝。黄金海岸背后是郁郁葱葱的亚热带雨林，那悠闲的度假气氛加上各类游乐项目适合不同年龄、不同游乐需求的各类游客。

贝尔斯海滩

贝尔斯海滩（Bells Beach）位于维多利亚州，是一个世界闻名的海岸冲浪海滩。蔚蓝的海水不断地拍打着海岸，仿佛与天际平行，让人分不清楚是天空还是海水。海滩地势险峻、秀美，每年在此举办的复活节周冲浪比赛，使这片海滩充满了冲浪魅力。由于贝尔斯海滩拥有绮丽的风光，而使其成为好莱坞知名影片的拍摄场地。在20世纪60年代，美国好莱坞电影《惊爆点》《佳能海滩》等就是在这里拍摄的。

九十英里海滩

九十英里海滩（Ninety Mile Beach）位于维多利亚州东南海岸，因其长约94英里，而得名九十英里海滩。海滩沙质洁白，海水清澈，为水上运动爱好者创造了活动的机会，可在这里进行游泳、钓鱼、划船和滑帆板等活动。海滩附近有很多露天餐厅，游客可在露天餐厅进餐，或在海边进行家庭野餐。这样在观赏美景的同时也可享受美味，别有一番趣味。

最值得带孩子去玩的6大农牧场

草莓农场

草莓农场位于墨尔本南部，主要生产草莓、树莓、蓝莓、樱桃和鳄梨。澳大利亚有很多人会去草莓农场旅游，使其成为家庭游的最佳旅行地。父母带孩子来此，除了可以自己摘草莓、樱桃，还可以品尝在农场里自己亲手制做的巧克力、果酒、利口酒等。

天堂农庄

天堂农庄位于澳大利亚黄金海岸冲浪者天堂以北21千米处，是家庭游的最佳之地。在这里，你可以体验到真实的澳大利亚农庄生活和独一无二的澳大利亚传统文化，可以欣赏到剪羊毛表演，可以与小考拉亲密接触、与袋鼠合影留念，还可以看到农夫指挥牧羊犬驾驭和驱赶羊群进圈。同时，还可以观赏投掷回力标和在马背上表演等。

华洛克农庄

华洛克农庄距离墨尔本约1小时车程，是一处感受地道澳大利亚农庄生活的好去处。在这里，你可以乘坐干草车、挤牛奶、看剪羊毛表演、喂小羊喝奶等，还可以在美丽的花园、辽阔的牧场享用丰富的午餐和悠闲的下午茶。有时也会被当地人邀请一同制作澳式BBQ、纯手工面包和甜点等。

薰衣草农庄

薰衣草农庄在澳大利亚有4大美丽的农庄，分别是柏德史托薰衣草农庄、库伦巴薰衣草农庄、拉芬都拉薰衣草农场和悠柔薰衣草农庄。农庄内种植有多种薰衣草品种，还有迷迭香、甜罗勒等，俨然是一个花的海洋。带孩子来此，不仅可以欣赏薰衣草，更可在薰衣草厨房品尝薰衣草味饼干、茶或者冰激凌。

格林伍德农场

格林伍德农场是一个英式农场，周围被玫瑰园、果园和网球场包围。玫瑰园被打理得美轮美奂。在这里除了赏花之外，还可以观看农场主亲手剪羊毛表演，带孩子来这里，不仅可以亲近大自然，还可以亲手给小羊喂奶。

哈德利鳄鱼农场

哈德利鳄鱼农场位于热带雨林里面，从凯恩斯到那里的车程大约30多千米。农场中饲养了鳄鱼、蛇、无尾熊（树熊）和蜥蜴等动物。这里的鳄鱼表演是澳大利亚最著名的，鳄鱼攻击演出无疑是最刺激的节目，坐在座位上，可以欣赏到工作人员徒手喂养鳄鱼、与鳄鱼

戏耍的表演，同时会告诉你一些有关鳄鱼的知识。

最值得带孩子自驾的3条路线

休闲之旅

基本线路

悉尼—堪培拉—伍伦贡（曾用名：卧龙岗）薰衣草庄园—墨尔本

沿途风景

悉尼——悉尼是一个东西文化交融，令人悠然神往的城市。

堪培拉——沿途欣赏澳大利亚美丽的自然风光。堪培拉有很多全澳大利亚最出色的建筑物、花园及公园，地域广阔，独具匠心。

伍伦贡（曾用名：卧龙岗）薰衣草庄园——有机会看到一片片盛放的紫色薰衣草花海。当地工作人员会为你详细介绍用薰衣草制作香油、香精的各种工序。

墨尔本——这里为澳大利亚维多利亚州首府，风景秀丽，花草茂盛，又因当地人对园艺热爱，而使墨尔本拥有了“花园城市”的美誉。

欢乐之旅

基本线路

布里斯班—黄金海岸

沿途风景

布里斯班——阳光城市内拥有秀丽河畔风景的南岸公园、市政广场、袋鼠角、故事桥等观赏景点。

黄金海岸——拥有世界上最长的海岸线，美不胜收。前往滑浪者天堂及著名的沙滩拍照留念。置身于华纳电影世界的拍摄场景，犹如处于梦幻的童话世界一般。之后，前往天堂牧场，这里有优雅宁静的环境及紧张刺激的农场表演，让人仿佛回到旧时澳大利亚的农庄生活之中。

东海岸之旅

基本线路

布里斯班—凯恩斯—大堡礁

沿途风景

布里斯班——体验阳光之城的独特魅力，亲身拥抱温和的海岸阳光。

凯恩斯——气候温和，林荫满道。在充满神秘色彩的热带雨林区开展梦幻之旅，欣赏有趣的回力标表演，观赏澳大利亚原住民的歌舞表演。

大堡礁——大堡礁是一个美丽的珊瑚沙礁，享有世界闻名的热带岛屿天堂之称。在这里，可以探索神奇无比的珊瑚礁海底世界，也可以去美丽的白沙滩上彻底放松，或沿丛林小径探索岛上国家公园的翠绿热带雨林。当然，你还可以乘玻璃底船观赏海底五彩缤纷的鱼类及各种珊瑚，或参加潜水项目，领略神秘海底世界的奥妙。

大堡礁米迦勒沙洲

带孩子游澳大利亚

PART1
带孩子出行
的那些事
043
101

出发前

带着孩子出行，需要办理很多手续，包括办理证件、兑换货币、准备行李、预订机票、预订住宿、预订门票、购买保险等，不管是选择自助旅游，还是报团旅游，父母对这些步骤都需要有个基本的了解。如果需要报团，一定要跟旅行社核实清楚相关的各种事项，并且把责任划分等显示在合同里，这样才能安心地出行。

护照

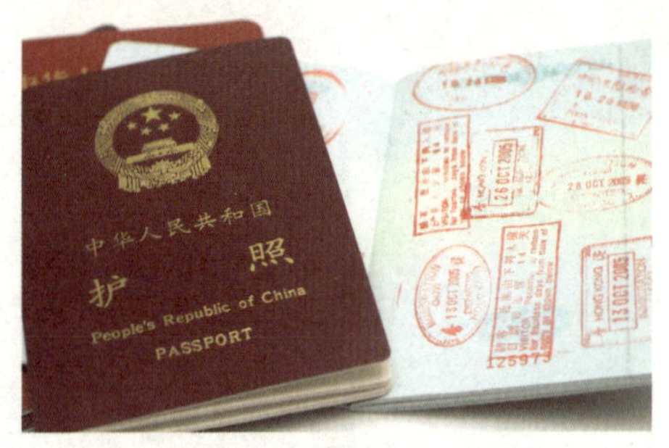

出境旅游，首先需要准备的证件就是护照。如果游客没有护照或者所持护照有效期不满6个月，就必须去办理或者更换护照。根据最新的规定，全国现在共有43个城市的外地人可以携带本人有效身份证或户口簿在当地办理外，其他城市的人则需要携带有效身份证或户口簿在本人户口所在地办理。可以就近办理护照的城市有：北京、天津、石家庄、太原、呼和浩特、沈阳、大连、长春、哈尔滨、上海、南京、杭州、宁波、合肥、福州、厦门、南昌、济南、青岛、郑州、武汉、长沙、广州、深圳、南宁、海口、重庆、成都、贵阳、昆明、西安、无锡、常州、苏州、温州、嘉兴、舟山、泉州、株洲、湘潭、珠海、东莞、佛山。

办理护照的方法有两种，一种是携带证件到公安部门办证大厅办理，一种是在公安局官方网站的相关页面预约办理。第一种为最常规的办证方式，第二种是随着城市发达程度而推出的便民措施。父母需要注意的是，孩子也一定要办理护照。如果初次办理护照，可以一家人一起去办理。

● 办理步骤

1.领取申请表

携带申请人的身份证（出生证）或户口簿到户口所在地（可就近办理护照的43个城市除外）的县级和县级以上的派出所、公安分县局出入境管理部门，或者参团旅行社领取护照办理申请表。

2.填写申请表

需要填写的信息与身份证（或出生证）的真实信息一致，姓名不能用艺名、代称等。

3.提交申请表

将本人身份证、户口簿相应证件，填写完整的几张申请表原件，申请人（包括孩子）的单人彩色照片各一张（需在出入境管理处或者是他们指定的照相馆照相）递交到办理柜台，并且索取《回执》。

4.领取护照

公安局出入境管理处受理申请后，审批、制作和签发护照的时间是10～15个工作日。领取护照时，须携带领取人身份证或者户口簿、领取护照《回执》和200元/人的工本费，前往柜台领取。也可以在提交资料时，缴纳快递费用委托邮寄。凡在《回执》上标明取证日期3个月后，没有领取证件或者没有安排邮寄的，公安局出入境管理处会将证件予以销毁。

网上预约办证

现在有些城市接受网上预约办理出入境证件（包括护照、港澳台通行证等），这样省去了排队等待办理的时间。平时比较忙的父母，如果想省去在大厅等待办理证件的时间，可以通过这种方式先预约办理护照，预约成功后，在指定的时间内携带自己的各种证件，前往指定的公安机关办理，这样可以直接办而不必再排队。不想再跑一趟取证件的游客，可以办理快递到家服务。在有些城市还能享受免费速递的服务。下面提供一部分网址供了解详情。

部分接受网上预约出入境证件的网址			
城市	网址	城市	网址
北京	www.bjgaj.gov.cn/idn	上海	crj.police.sh.cn
广州	www.gzjd.gov.cn/ydyysq	深圳	www.sz3e.com

签证

办好签证才算完成了到澳大利亚旅行的第一步，所以很多人会在半年前就开始准备申请赴澳大利亚签证。首次申请赴澳大利亚旅行签证类别是访客签证（600类别），适用于计划前往澳大利亚参加非工作类活动的人员。持有访客签证则可一次或多次出入澳大利亚，每次停留不超过3个月、6个月或12个月。你可在澳大利亚在中国的签证申请中心网站www.vfsglobal.cn/Australia/China上了解相关信息。

如何办理澳大利亚签证

申请办理赴澳大利亚旅游签证之前，首先要确定全家人是否需要办理签证。如果出行人持有与出访目的相符的有效澳大利亚签证，或者持有新西兰护照，则无须重新申请澳大利亚签证。除以上情况外，其他需要申请非移民签证的申请人，应当遵循以下步骤准备办理签证。

办理签证所需材料

办理澳大利亚签证面签时所需要的材料很多，需要细致和耐心地准备。建议喜欢自己动手的父母，按照下述材料表，将需要准备的材料准备齐全。

办理澳大利亚签证孩子需要准备的材料	
材料	详情
孩子随父母出行	1.出生证明，上面注明父母双方的姓名 2.父母结婚证的复印件 3.学校就读证明
如孩子父母或法定监护人中一方或双方都不随行的材料	1.每一位不同行父/母的身份证复印件 2.填写 1229 号表格（如下）或不同行父/母的书面签名授权，并注明： – 其同意允许其孩子赴澳 – 大致的赴澳日期及停留时间 – 允许其孩子一次还是多次赴澳 – 不同行父/母的联系方式 注：1229 号表格（为未满 18 岁的孩子签发澳大利亚签证同意书）下载网址为 www.border.gov.au/Forms/Documents/1229.pdf

办理澳大利亚签证需要准备的材料	
材料	详情
护照	护照的有效期应该在6个月以上，本人在护照末页签名，如有旧护照，也一并带上
户口簿	父母及孩子的户口簿，应当在同一个本上，如果帮亲友的孩子申请，记得带上其父母的户口簿和授权证明（一纸书信即可），备一份复印件
身份证	父母及孩子的身份证原件，备一份复印件
照片	6个月内的彩色数码正面免冠照，白色背景，长45毫米，宽35毫米，背面用铅笔签名，另外，建议在照相馆直接由签证官网的上传照片页面验证照片是否合适
申请表	打印出来且已经填写完整，并经本人签字的申请表，下载网址为www.vfsglobal.cn/Australia/China/visitor_visa.html
面签预约单	需要打印件
酒店预订单和机票预订单	如果你在澳大利亚期间是要住在朋友或亲人家里，需要提交朋友或亲人提供的邀请信，信中应包括你的朋友或亲人的地址以及在该处停留的日期
旅游行程安排	越详细越好，列清楚每一天要游玩的景点，并写明游玩想要收获的内容
财产证明	可以显示过去4个月收入和存款信息的银行对账单或者其他能证明财务状况的文件（如存折、存款证明、个体经营者可提供业务对账单等）
在职证明/就读证明	1.如果是在职人员，需提供所在公司用公司抬头纸出具的证明信原件，包括申请人职位、薪资、任职时间、公司详细联系方式，以及公司注册号等 2.如果申请者为个体经营者，需提供商业登记文件复印件 3.如果是学生，需提供就读学校用学校抬头纸出具的证明信原件，证明就读情况和请假相关详细信息
以上所有中文资料都需要翻译成英文	

办理签证的程序

1.下载签证申请表。办理澳大利亚签证，需要先从澳大利亚使领馆官方网站上下载签证申请表，有中英文双语版的表格。用黑色签字笔填写，填写内容须用英文，可以找人代填，但是签名必须是自己签。申请表上所有的基础信息都必须准确真实，并且与护照上的一致。1419表格下载网址：www.border.gov.au/FormsAndDocuments/Documents/1419chs.pdf；54表格（中英文各填写一页）下载网址：www.border.gov.au/forms/Documents/54.pdf。

2.准备支持性文件。通常包括个人材料、资金材料、工作证明或在读证明以及其他材料，具体资料准备详情可参考本章节办理签证所需材料部分。

3.递交签证申请。递交签证申请主要有两种方式，邮寄申请和亲自递交。邮寄申请的邮件内，需要包括申请表、护照和申请材料，并且确认已经向使领馆支付了申请所需费用，如果需要使领馆将护照、签证结果等邮寄返回，还要额外支付邮寄费用；亲自递交并不意味着会比通过邮寄方式递交的申请处理得快。

4.领取签证。在签证申请处理完毕后，可以选择亲自去签证申请中心领取签证，或支付额外费用以快递方式取回签证。办理签证所需的时间快则4～5天，慢则10～15天。

5.若被拒签。如果条件不是很好或是准备不是很充分，被拒签了的话，可以找签证公司帮忙，如果条件不是太差的话，费用也不会太贵。另外，如有特殊需要，也可以申请澳大利亚签证加急预约。

行程

去澳大利亚之前，非常有必要提前确定将要游玩的城市。父母可与孩子共同讨论想去的城市，跟孩子一起规划行程安排，了解那些城市的概况，孩子将会非常感兴趣，在之后的旅途中也会表现得更为懂事。本处设计了3条跨城市游玩的路线，供父母和孩子参考。

东海岸梦幻之旅

这条路线游玩的时间共7天6夜，全程包含的城市有悉尼、凯恩斯、布里斯班以及黄金海岸。考虑到带着孩子出行有所不便，因此每天游玩的景点都是不容错过的经典，并留足时间供孩子休闲娱乐。

第1天

此航班为上海出发到达悉尼时间为当地时间9:45左右，到达后先办理酒店入住手续，中午吃过午餐后，开始在悉尼附近景点游玩。乘坐公交车到达邦迪海滩，游玩4小时。晚上在游船上进餐，一边欣赏美丽的夜景，一边品尝美食，不亦乐乎

飞行10小时40分左右

航班CZ307，公交车333路、380路

第2天

蓝山国家公园很美，可以直接乘坐缆车到达山顶，一览山峰在太阳照射下的一片绚蓝美景，这里还被开发出了很多亲子游乐场所

5小时

火车、观光循环巴士

第3天

此航班为悉尼出发到达凯恩斯的时间是9:30左右，吃完午餐后搭乘公交车前往查普凯土著文化园，游玩2~3小时。晚餐后，前往凯恩斯商业街购物闲逛

6小时

航班TT676，公交车121路换乘122路

第4天

上午乘坐巴士前往预订的乘坐热气球之旅，游玩2~3小时；下午乘坐游轮前往绿岛，带孩子坐坐玻璃船，看看海底珊瑚和鱼，在岛上度过下午半天时间

8小时

巴士、游轮

第5天

此航班为凯恩斯出发到达布里斯班12:20左右，吃完午餐后搭乘游轮前往南岸公园，游玩3小时；再乘船到袋鼠角游玩1~2小时，最后乘游轮到黄金海岸品尝丰富的海鲜晚餐

6小时

航班QF709、游轮

第6天

一大早就在黄金海岸各个亲自游乐主题乐园游玩，时间4小时；吃过午餐后乘坐班车前往农场，摸一摸树袋熊和袋鼠，并参观剪羊毛等活动

5小时

游轮、班车

第7天

一大早在布里斯班乘坐航班返回上海，中间在悉尼中转2小时15分钟，借此时间可以在悉尼机场免税店或是化妆品专卖店购购物

2小时

航班QF505转乘QF129

短途亲子游

这条路线游玩的时间共5天4夜，全程尽在美丽的凯恩斯。考虑到带着孩子游玩，每天的景点都符合孩子口味，并留出足够的时间供孩子休闲娱乐。

第1天

此航班为上海出发到达凯恩斯时间为当地时间6:35左右，到达后先办理酒店入住手续，然后开始在凯恩斯游玩。中午吃过午餐后，乘坐公交车到达查普凯土著文化公园，游玩2小时；再乘公交车到海洋世界水族馆，游玩2小时；最后到凯恩斯前滩漫步道，边品尝美食边欣赏美景

飞行11小时左右

航班CX369转乘CX103，公交车121路换乘122路

第2天

上午吃过早餐后，乘坐观光车到达库兰达热带雨林公园，体验这里所开发的亲子游乐活动，游玩2~3小时；中午用过午餐后，乘坐游轮到达绿岛，参加潜水或者乘坐玻璃底船出海观看多姿多彩的珊瑚礁。岛上还可进行水上滑翔伞、乘直升机、开海底摩托等流行的活动

6小时

免费观光车、游轮

第3天

上午用过早餐后，自驾至棕榈湾，在沙滩上陪孩子玩各种游戏，游玩半天时间；用过午餐后，驱车前往道格拉斯港小镇，散步、逛集市等，游玩半天时间

5小时

自驾

第4天

上午驱车前往哈德利鳄鱼农场，了解鳄鱼历史、生活习性，或看鳄鱼小宝宝，游玩3小时；下午到中央购物中心购物，晚上到凯恩斯夜市大手拉小手散步

4小时

自驾

第5天

吃过午饭后，乘坐航班返回，23:40抵达上海浦东机场，结束这趟美好旅程

提前2小时 到机场

航班CX146转乘KA870

东南岸炫彩之旅

这条路线游玩的时间共6天5夜，全程包含的城市及景点有墨尔本、布里斯班以及黄金海岸，最后是悉尼。每天游玩的景点都是不容错过的经典，并留足时间供孩子休闲娱乐，让你和孩子都有一个难忘的炫彩之旅。

第1天

此航班为上海出发到达墨尔本时间为当地时间10:00左右，到达后先办理酒店入住手续，然后开始在墨尔本游玩。中午吃过午餐后，搭乘有轨电车到达库克船长小屋，游玩1小时；再乘公交车到亚拉河边，游玩1~2小时；最后到酒店附近餐厅品尝美食

 飞行11小时左右，办完手续2小时

 航班MU737，有轨电车48、71、75路

第2天

此航班从墨尔本出发到达布里斯班时间为10:10，乘公交车至南岸公园，游玩2~3小时；午餐后，乘游轮至黄金海岸，游玩半天时间

 8小时

 航班VA319，游轮

第3天

一大早醒来，在海滩漫步，早餐后，驱车至梦幻乐园，游玩2~3小时；午餐后，前往天堂农庄观看剪羊毛表演，游玩2小时；最后返回酒店，在海滩漫步品尝海鲜大餐

 8小时

 自驾

第4天

此航班从布里斯班出发到达悉尼时间为9:40，前往悉尼鱼市，游玩2~3小时；下午驱车至蓝山国家公园，游玩半天时间

 8小时

 航班VA916、自驾

第5天

一大早乘坐游轮至邦迪海滩，游玩4小时；中午至悉尼港，游玩3小时；最后到悉尼歌剧院，游玩2小时；在附近餐厅吃晚餐

8小时

 游轮

第6天

一大早乘坐公交车前往海德公园，游玩1~2小时；收拾准备前往悉尼机场，在机场免税店购物，结束这美妙之旅

8小时

 公交车L24路、航班MU562

预算

如果父母选择带着孩子自助旅行，那么对于此次行程的基本费用有个大致的了解非常重要。若能够根据澳大利亚的物价信息做出大致的预算，将会防止严重超支。带孩子到澳大利亚旅行，基本开销包括住宿费、饮食费、观光费、交通费、娱乐费、礼品费等。做预算时，要根据家庭实际需求设定各项费用的大致开销，通常一个家庭自助出游，需要准备大约3万元人民币才能玩得比较痛快。父母可以参考下面的物价信息，做出基本预算。

在澳大利亚旅行的物价资讯（单位：人民币）			
名目	类别	单价	详情
机票	往返联程	6000～9000元/人	此处为经济舱机票价格，费用包含燃油费；旅游淡季机票价格便宜，提前订票能享受优惠
住宿	大城市	约800元/天	在堪培拉等大城市的酒店住宿费用很高，如果家庭倾向于自己准备餐饮，可以预订短租房、家庭旅馆等，费用会降低很多，且能让孩子有较多的空间活动
	中小城市	约300元/天	在中小城市，住宿费用低，住家庭旅馆等更实惠
饮食	快餐店	全家约180元/餐	快餐店方便快捷，省时间，不过大多数食物热量较高
	星级餐厅	全家1000元/餐	如果全家人想坐下来吃顿正餐，享受精致的美食，那就需要多准备一些钱，1000元是基本消费水平
	家庭旅馆自制	全家人50元/餐	自制餐一般是自己做，荤素搭配，既营养又具有家庭味道

续表

名目	类别	单价	详情
市内交通	出租车	市内出行约100元/程	澳大利亚出租车起步价约18元人民币，节假日、深夜价格会有所提高，需要付小费给司机；短途出行通常约100元
	地铁、轻轨、公交车	18.5元/次	以悉尼地铁为例，最低票价成人18.5元人民币
购物	化妆品	约200元/件	澳大利亚的一些化妆品（碧倩、碧欧泉、美宝莲等）价格是国内的4～5折，还有很多优惠活动
	儿童衣服	约300元/件	在澳大利亚的品牌服装店，能够以非常低的价格买到舒适的儿童服装，最关键是款式新潮，极受潮妈喜爱
	电子产品	约4000元/个	如果想买苹果系列的笔记本、相机等回国居家使用，这也是个好机会
	香水	200～800元/瓶	一些国际品牌的香水在澳大利亚卖得要比国内便宜很多，而且能买到很多国内没有的款式
	品牌服饰	100元起/件	澳大利亚的一些品牌服装店在打折时会低至100多元，要比国内便宜很多，推荐耐克等运动系列的服装或鞋子
	纪念品	200元/件	澳大利亚的一些特色商品在打折时，价格实惠，品质好，送朋友最合适
娱乐	儿童乐园	单人600元/场	儿童乐园有很多项目，直接购买通票或是家庭联票更加优惠
	剧场	单人70～100元/小时	悉尼的歌剧院是每个喜爱戏剧的朋友最不容错过的目的地
景点票价	各博物馆	单人约50元/馆	在澳大利亚，有些博物馆不收费，当然有些博物馆的费用也比较高
	其他景点	单人约120元/景	澳大利亚很多景点是免费进入参观的，一些国家公园虽然收费，但很多时候只收一辆车的费用，不论里面乘坐几个人
租车	小型轿车	租约100元/天，停车费6～40元/天	租车自驾是很多带孩子家庭出游首选形式，这种方式也能有效地减少交通费用，并且给孩子带来舒适的游玩体验；停车费用有些地方比较高，要注意不能违章，否则罚款更高

货币

澳大利亚元（以下简称澳元）是澳大利亚联邦的法定货币，由澳大利亚储备银行负责发行，现在市面上流行的澳大利亚元是用聚乙烯材料制作的，具有耐磨防伪的特点。

澳元纸币

澳元纸币最大的面值是100澳元，其中每张纸币前后都有一些名人。如5澳元正面是英国女王伊丽莎白二世，背面是澳大利亚国会山；10澳元正面是澳大利亚诗人帕特森，背面是澳大利亚诗人吉尔默女爵；20澳元正面是澳大利亚女企业家莱蓓，背面是澳大利亚“皇家飞行医生服务”创始人弗林牧师；50澳元正面是澳大利亚原住民作家、发明家戴维·乌奈庞，背面是澳大利亚首位女议员艾蒂丝·科恩；100澳元正面是澳大利亚女高音歌唱家梅尔巴，背面是澳大利亚杰出的军事将领莫纳什爵士。

澳元硬币

澳大利亚元硬币有5分、10分、20分、50分四种，1澳元等于100分（Cent）。澳大利亚硬币的正面为英国女王伊丽莎白二世头像。不同面值的硬币背面图案不同，面值大一点的使用人物头像，面值小一点的使用当地特色动植物（如袋鼠、香树等）。

澳元汇率

截止到2017年3月，人民币与澳元的汇率为：1人民币=0.1860澳元，1澳元=5.3763人民币。

兑换澳元

去澳大利亚旅行，要把人民币换成澳元现金才能直接使用，或者把澳大利亚ATM机能够识别的储蓄卡里的人民币兑换成澳元并存入澳元账户，这样刷卡使用既方便又安全。因而了解怎么兑换澳元，在哪里兑换等非常重要。

首先游客不需要携带太多的澳元现金到澳大利亚游玩，准备2000澳元左右即可，其中1000澳元兑换成50澳元的纸币，500澳元兑换成100澳元，500元兑换成20澳元、5澳元的零钱，尽量不要在身边留100澳元的纸币，因为100澳元在澳大利亚属于比较大的数额，商家一般不愿意收取。面值在20澳元以下的钞票比较常见，小商店一般不收50澳元及以上的钞票。零钱对于付小费、乘坐公交车等非常有用。

兑换澳元可以在国内通过银行或者外贸公司兑换，也可以在澳大利亚境内的机场、旅馆、酒店、货币兑换处（Money Exchange）兑换。去银行兑换，通常需要预约，汇率比较合适的银行是中国银行和招商银行。而在外贸公司兑换，汇率浮动较大。在澳大利亚境内兑换货币，通常汇率都比较低，不太划算，不过不用担心数额。同时要注意的是，即便兑换了大量的澳元，到澳大利亚购物也要有数，超过一定的金额带回国，需要缴纳相关的费用。

信用卡

在澳大利亚游玩，很多游客除了携带少量澳元现金，或在储蓄卡（Debit Card）中备有一定澳元外，在大型购物中心购物、租车（缴纳保证金）、预订酒店（缴押金）、购长途车票、用餐结账时往往会选择用信用卡（Credit Card）。澳大利亚的ATM机等能够识别的信用卡卡种有维萨卡（VISA）、万事达卡（Master Card）或有银联标志的银联卡等，但信用卡通常会收取2%～3%的手续费。

另外要注意的是，办理这些卡，要跟银行工作人员讲清楚是人民币、澳元双币信用卡，这样在澳大利亚消费，才能够以澳元记账，如果经常出境游玩，也可以办理全币卡。最后要向银行工作人员问清楚，账单日、还款日、怎样免年费（通常刷满一定金额可以免年费，或者满足一定的消费条件可以免年费）、汇率如何计算等，然后做好相应的准备，避免还款时支付不必要的金额。

在澳大利亚使用便利的信用卡卡种

卡种	英文名称	发卡公司电话	网址
万事达卡	MasterCard	800-6278372	www. mastercard.com
维萨卡	VISA	800-8472911	www. visa.com
大莱卡	Diners Club	800-2346377	www.dinersclub.com
发现卡	Discover	800-3472683	www.discovercard.com

潮爸辣妈提示

1.境外取款尽可能使用银联借记卡，有VISA卡（有借记卡和信用卡两种）会很方便。

2.国内的银联卡在境外不能进行银行柜台转账和提现。

3.澳大利亚不少ATM机都有中文界面，比如汇丰银行（HSBC）及NAB。

4.注意澳大利亚ATM机是先退卡再吐钞。

机票

在澳大利亚游玩的机票分为中国和澳大利亚之间往返的机票、澳大利亚境内各城市之间的机票。如果想要订到优惠的机票，至少提前1个月左右预订，或是提前3个月预订则能够享受较多的优惠。如果要预订澳大利亚境内城市间的机票，可以在澳大利亚的航空公司官网上预订，要注意，网上订票时使用的证件号码是全家人的护照号，应用英文填写姓名等信息。

常用航空公司资讯			
航空公司	订票地址	订票电话	网站
澳大利亚航空（Qantas Airlines）	北京市朝阳区建国门外大街乙12号双子座大厦西塔10层	在中国大陆拨打：400-6379158（中文）400-6085188（国际票）	www.qantas.com.au
国泰航空（Cathay Pacific Airways Limited）	北京市朝阳区建国门外大街乙12号双子座大厦东塔28层	国泰航空客服电话400-8886628	www.cathaypacific.com
	上海市黄浦区淮海中路138号上海广场21层2104、28层2804		
	广州市花都区白云国际机场	800-1521888	
中国国际航空（Air China Limited）	在大多数机票代售点都可以购买该公司的机票	中国国际航空客服电话：95583	www.airchina.com.cn

续表

航空公司	订票地址	订票电话	网站
中国南方航空（China Southern Airlines Company Limited）	在大多数机票代售点都可以购买该公司的机票	95539	www.csair.cn
维珍航空（Virgin Atlantic Airways）	上海市外滩中山1路12号221室20002	021–53534600/021–53534601	www.virgin–atlantic.com
新加坡航空（Singapore Airlines）	北京市朝阳区东三环中路乙10号艾维克大厦8层	010–56215111 021–34064888（国际票）	www.singa–poreair.com

购买机票

购买机票是很谨慎的事情，在购买前了解购买程序和技巧非常重要。有些人为了安全省心会选择到机票代售点购买机票，也有些人为了方便快捷会在网上买机票。上网买机票的方式是大部分年轻父母的选择，这样选择自由度很高，随时决定买或不买，经常刷票没准还能享受到极大优惠。

在网上买机票，需要注意几点：

1.为了确保自己的合法权益，在网上预订机票时，一定要注意看网站是否具备工商局颁发的网上电子标识，电信主管部门颁发的ICP证号以及国际航空运输协会（IATA）颁发的国际航协执照号等。

2.买票时注意票的种类，明确自己是选择直飞的还是需要中转的飞机，通常中转的票价比较低，但是耗费的时间很长，孩子不一定能适应，应以孩子为出发点，舒适最重要，不要一味追求低票价。

3.购买机票时，要看清楚是否是官网或是正规的代理机构，还要仔细看清楚机票可不可以改签，能够低代价退票等问题。如果遇到危害自己权益的事，不要妥协于公司员工的说辞，要维护好自己的权益，减少自己的财产损失。

4.如果在澳大利亚游玩的时间长，选定的境内城市有多个，要先查询是否有套票或是更合适的机票。有些航空公司官网有明确的套票优惠活动，要仔细查看是否有对儿童免费的机票规定。

5.要多关注澳大利亚的某些航空公司推出的套票，如家庭套餐等。此类套票可用于几个城市的飞机旅行，较为划算，如中国国际航空、澳大利亚航空、国泰航空以及南方航空等均提供此类服务。

6.在一些航空公司官网购票界面，可能会遇到不同情况的付款问题，如果是人工付款，收到的账单会损失2次汇率费用，那样会差上千元。建议游客直接使用VISA或者MasterCard信用卡/储蓄卡购票，不要用银联卡，在他们的官网上用银联卡容易产生错误。

住宿

澳大利亚的住宿地种类很多，上至高档酒店下至青年旅舍应有尽有。对于带孩子的父母而言，可以预订酒店内的家庭套房，也可以预订短租公寓或是家庭旅馆等。父母可以根据家庭的要求选择住宿的类型，一般而言，酒店的住宿费用较高，在悉尼等大城市，每晚需要200澳元以上，布里斯班等中小城市，每晚需要150澳元以上；而短租公寓和家庭旅馆的费用较低，每晚60澳元即可，还能享受较大的活动空间，以及自备餐饮的厨房等便利条件。

家庭旅馆

家庭旅馆在澳大利亚是非常受欢迎的住宿类型，很多由当地人把自己的家装修而成，布置都非常温馨，很有家的感觉。在这种温馨的环境中，还能让孩子近距离接触当地人的生活。如果入住华人经营的家庭旅馆，会感觉更加的亲切。当然带有厨房的旅店，在用完餐具后都需要进行清理。有些家庭旅馆提供付费的机场接送和提供早餐等。

家庭旅馆的房间通常比较少，建议提前1个月左右预订。游客可以在各类代理网站上寻找适合自己的家庭旅馆。这些网站多为中文网，在网站上选择时，建议找评价比较多、比较好的房子，不要被低价所吸引，还要注意房主的介绍和要求，以确定是否适合自己。

短租公寓

短租公寓内设施齐全，有完备的家具、电器与生活用品，还有客厅、厨房，让全家人有种居家的感觉。而这些短期公寓提供的住宿时间为1天至1年不等。短租公寓最好的地方在于，所在地交通方便，租金实惠，周边生活设施齐全。一家人到澳大利亚旅游，短租公寓是不错的住宿选择。

短租公寓预订网站推荐		
名称	概况	网址
转租网（Sublet）	在全球拥有3万租房房源，提供公寓、住宅、宿舍房出租度假、联排别墅、移动房屋等各种类型的租赁。可带宠物，住宿环境优质、廉价	www.sublet.com
背包客栈	汇集了悉尼出租公寓，从简易型到豪华型都有	www.backpackers.com.tw
空中食客（Airbnb）	一家联系游客和家有空房出租的房主的服务型网站，可提供各式各样的住宿信息，同时是旅行房屋租赁社区	zh.airbnb.com
住百家-国际短租公寓预订	在悉尼出租的公寓及旅馆，没有要求最低住宿的天数	www.zhubaijia.com

门票

在澳大利亚旅游，会发现一些景点的门票很便宜，比如一些图书馆、博物馆等，大多都是几澳元。娱乐性的场所，收费要贵一些。同时，还有很多种灵活收费的优惠条件，比如儿童按照不同年龄会享受不同的优惠。规模极大的景区，通常需要很多天才能玩遍，因此会有很多家庭套票。在一些大城市会针对经典景点组合成优惠票，通常会让游客享受半价优惠。

在出行前，建议父母和孩子商量一下将去哪些景点游玩，选好景点后，到其官网上了解票价优惠的情况，然后提前订票，把确认票的信息保存为电子版，并打印一份，到了当地后，可以省去排队买票的辛苦。如果觉得到官网订票比较麻烦，也可以到代理网站上寻找澳大利亚各景点门票的信息。

预订门票常用的代理网站			
网站名称	网址	网站名称	网址
途牛网	www.tuniu.com	携程网	www.ctrip.com
穷游网	www.qyer.com	同程网	www.ly.com

行李

出行前准备行李，是令很多父母头疼的事情。既担心少带了物品为旅途中带来不方便，又害怕带的行李过多，乘坐飞机不方便。如果带着孩子出行，要多备几件换洗衣物，还要带着孩子的少量玩具或几本书。折叠衣服也要掌握技巧，并且把物品用防水袋包装起来，尽可能减少行李的空间，这些都要费点工夫，可带着孩子按照下图来准备行李。

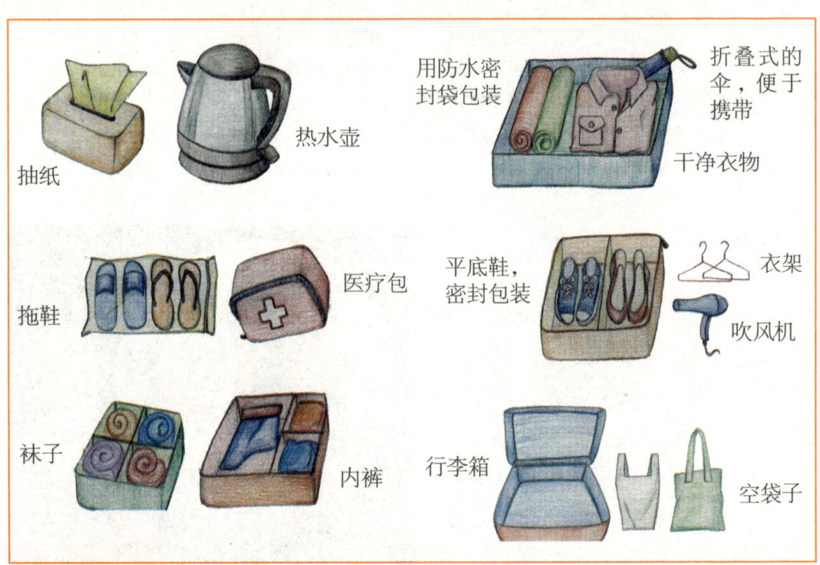

父母在准备行李的时候，不妨给孩子买个漂亮的小行李箱，供孩子登机用，这样能让孩子感受到自己真正参与到了旅行之中，增强自理能力和责任心。

行李清单

一家人出行，登机前通常都会携带1个大行李箱（托运，去前最好有1/3的空间放礼品），2个大背包/登机箱，1个孩子拎的行李箱，才够供一家人游玩使用，将这些物品分门别类放在相应的防水包（防水包一侧为透明，供区分）里，并留两三个空防水包，然后装进行李箱中，方便取用，且避免了干净衣物与换下衣服混装带来的烦恼。

三口之家游澳大利亚的行李清单（7天管够示例）

位置	分类	物品明细	数量	位置	分类	物品明细	数量
孩子行李箱	玩具	魔方/拼图/赛车/毛绒类	若干	孩子背包/登机箱	必备品	儿童读物	若干
		彩铅和画本	若干			无游戏手机	1部
	应急食物	巧克力/薄脆饼干	若干	孩子身上、衣兜	安全（见专题P066内容）	父母资讯卡	2张置不同处
		糖果和葡萄干	各1包			50澳元现金	至少1张
大行李箱	衣物装备	贴身衣裤	7套/人	母亲背包/登机箱	清洁用品	湿巾	1包
		游泳套装	1套/人			手帕纸	2包
		袜子	7双/人		零食	薯片类	2包
		夏季服装	7套/人			话梅类	1包
		冬季服装	3套/人			方便面类	3包
		雨伞/雨披	1个/人			水果类	3个（下机前吃完）
		拖鞋	1双/人		钱包	双币储蓄卡	1张
		备用平底鞋	1双/人		杂	空保温杯	2个
	洗漱用品	盥洗包	1套/人			澳大利亚地图	1张
		毛巾	1条/人			纸笔	1套
		浴巾	1条/人		文件类	证件照片	2张/人
		梳子	1把			护照原件	1个/人
		化妆品	1套			行程表	1份
	药物	晕车药	1瓶			紧急联系人名单	1份
		退烧药	1瓶			预订信息打印件	1份
		防蚊液	1瓶				
		个人必用药	酌情	父亲背包/登机箱	电子产品类	iPad	1个
		创可贴	1盒			电脑	1个
	电子配件	多孔插线板	1个			相机	1部
		电源转换插头	1个		钱包	20澳元	适量
		手机电源线	各1个			双币信用卡	1张
		电脑电源线	1个		杂	书	1本
		相机电源线	1个		文件类	复印件	各2份
		三脚架	1个			U盘	各备1份

主要承运航空公司关于行李的规定

携带的行李能否都能够免费托运，也是很多游客关心的问题。通常小于登机箱的行李，每个乘客可以携带一个登机，托运行李箱通常一个游客能托运一件；孩子可以携带较小的行李箱，但是要注意行李箱中不要有尖锐的金属玩具等，会被机场安检人员没收。

中国至澳大利亚主要航空公司的国际航班运输行李规定

航空公司名称	托运行李箱			经济舱手提行李箱
	重量	长、宽、高三边和	其他规定	
中国国际航空	大于2千克，小于32千克可免费	大于60厘米，小于203厘米	行李箱内外写上乘客姓名及电话，行李最好能上锁，行李周围不能捆绑其他物品	1件/人，每件重量小于5千克，长、宽、高分别不超过55厘米、40厘米、20厘米
中国东方航空	小于32千克可免费	单个行李小于158厘米，两个加起来小于273厘米可免费托运	同上，按成人票价10%付费的婴儿可免费托运一件行李	1件/人，每件重量小于5千克，长、宽、高分别不超过55厘米、40厘米、20厘米
澳大利亚航空	小于23千克可免费	不超过158厘米	经济舱乘客可免费托运2件/人	不超过56厘米、35厘米、23厘米，另外每人还可携带一份个人物品
新西兰航空	小于23千克可免费	不超过158厘米	经济舱乘客可免费托运2件/人	不超过56厘米、35厘米、23厘米，另外每人还可携带一份个人物品

通信

到了澳大利亚之后，怎样给国内亲戚打电话报平安、如何在澳大利亚境内拨打电话预订各项事宜，都是很多出国游玩的父母困惑的事情。对于带孩子出游的父母而言，建议直接使用国内的电话，开通国际漫游服务。因为孩子记得父母的这些电话，如果重新办卡，孩子未必记得住。如果一定要省一点电话费，需要办理新卡，也千万保证自己的手机保持畅通和开机状态。

如何开通国际漫游

移动卡业主拨打10086，按照语音提示操作、开通国际漫游服务，也可以直接找人工服务，由其协助开通。联通用户拨打10010，电信用户拨打10000。

国际漫游资费详情（单位：元/分钟）							
运营商	拨打澳大利亚本地电话	拨打中国（不包含港澳台）电话	在澳大利亚接听电话	发中国（不包含港澳台）短信	GPRS漫游	客服电话	网址
中国移动	0.99	2.99	1.99	0.39元/条	0.01元/KB	10086	www.10086.com
中国联通	2.86	6.86	2.86	1.26元/条	0.01元/KB	10010	www.10010.com
中国电信	2.99	2.99	1.99	1.29元/条	0.003元/KB	10000	www.man-you.189.cn

怎样在澳大利亚办电话卡

基于孩子记忆电话号码的因素，建议游客将国内的电话卡开通国际漫游，并且装在常用手机里带出境，但这样的收费比在当地办卡略贵一些。到了澳大利亚，父母要牢记的是，每天都在孩子脖子上挂一个有父母所有联系方式的纸条的公交卡套。

在街头的便利店和电话卡零售店都可以办到澳大利亚当地的电话卡。主要推荐2种从澳大利亚打往大陆地区便宜的电话卡：Green Card和Good Morning China Card。这两种卡的面值分别为10澳元、20澳元、50澳元不等。10澳元的卡，一般二者都可以打250分钟以上的时间。由衷的建议游客买Green Card，因为后者在澳大利亚晚间的时候线路很忙，经常打不通，而且音质较差。如果打市内电话，推荐大家买Optus和Telstra电话卡，在机场和各种小的便利店均可买到。

拨打公共电话

澳大利亚的长途电话和市内电话都可以在公共电话亭拨挂，市内电话每次0.4澳元，不限时，长途电话按时间收费，打完后剩余的钱将会被自动退出来。公共电话可以投币，使用电话卡或者信用卡，但是不接收纸币。本市电话以1300 开头的是商业电话号码，按时间收费，1800 是免费电话。

拨打电话方法必知

从澳大利亚拨打中国座机：0011+86（中国国际电话代码）+城市区号（去掉首位0）+座机号码。

从澳大利亚拨打中国手机：0011+86+手机号码。

从中国拨打澳大利亚手机：00+61（澳大利亚国际电话代码）+手机号码。

从中国拨打澳大利亚座机：00+61+城市区号（去掉首位0）+座机号码。

APP

现如今，手机、平板电脑等已经成为游客出行常用的工具。在游玩期间，如果能有一个软件可以拍照翻译、能有一个软件提供导航、能有一个软件提供攻略查询等，那么出行将会更加的顺利。在准备去澳大利亚前，下载一些有关澳大利亚旅行的APP软件非常有必要，这已经成为很多出境游游客的习惯。在苹果手机的iTunes商店以及安卓手机的Android Market中，都可以下载到有关澳大利亚旅行的APP应用。

澳大利亚旅游大全

"澳大利亚旅游大全"独家收录了200多个著名旅游城市和目的地，5000多个美景、美食、购物、娱乐地点，包含其地址、电话、价格、开放时间、交通、简介等资讯。实时定位推荐周边地点，不仅提供本城市游玩出行时的玩乐向导，更可以不用携带密密麻麻的攻略和地图，让你轻松快乐的成为澳大利亚玩乐达人。

大小：35.4MB
支持：iPhone 手机以及iPad

澳大利亚旅游指南

"澳大利亚旅游指南"详细展现了澳大利亚的风土人情，是一部从"衣食住行"四个方面帮助游客出门旅游的指南。下载该旅游指南后便可离线流畅阅读。该指南自动记录最后阅读位置功能，配有书签标识。

大小：4.1MB
支持：iPhone iPad、iPod touch

iMoney

iMoney是非常实用的计算汇率的工具，可解决一种货币同时兑换为多种货币的计算问题。有了这个工具把关，能让游客计算得更清楚些，非常方便游客逛商场购物时使用。该应用有170多种常用货币换算，操作简单到妇孺皆能学会。

大小：27.1 MB
支持：iPhone手机、iPad、iPod Touch

猫途鹰

猫途鹰是一个提供酒店比价和折扣、景点、餐厅点评、旅游攻略的旅游综合平台。在手机应用商店搜索关键词“猫途鹰”，即可下载，也可直接扫描到二维码进行下载。

■ 支持：iPhone手机、iPad；安卓手机

谷歌翻译

使用谷歌翻译只需输入文字，即可在103种语言之间互译，其中的离线翻译功能也能翻译出52种语言。如今的即时相机翻译功能，你可以用手机摄像头拍摄任何标志或任何其他文本，并将它翻译成中文。

■ 大小：40.6MB
■ 支持：iPhone手机、iPad、iPod Touch；安卓手机

Wi-Fi Finder

我们早就养成了有免费Wi-Fi绝不用自己流量的好习惯。那么装上Wi-Fi Finder就可以在全球144个国家和地区找到超过650000个Wi-Fi热点了。配合GPS功能，不管你在哪个国家哪个城市，都可以迅速找到附近的无线热点，方便你随时使用。

■ 大小：34.8MB
■ 支持：iPhone手机、iPad、iPod Touch；安卓手机

Read for Me!

出国旅行时，识别路牌、菜单、打折信息等，总是不小的难题。可能连打字都无从下手，更别提翻译。现在有一款流行于欧美的革命性手机应用“Read for Me!”其可在拍摄照片后，直接翻译上面的文字。该软件能识别38种文字，并能翻译成42种语言，还提供语言的发音功能，快点下载吧！

■ 大小：9.5MB
■ 支持：iPhone手机、安卓手机

保险

带着孩子游澳大利亚，在尽兴游览、体验新鲜之外，也面临着很多难以预测的风险。父母如果给孩子及自己购买境外旅游意外险，将能很好地规避风险，使得行程无忧。购买保险一定要在出行前购买，并且确保投保的各项条例都已考虑清楚。境外游的保险条例应当包括紧急情况下的医疗费用（包括住院费用）、紧急回国的机票退款、行李丢失、取消行程、租住家庭旅馆或者公寓的附带险种（水、火、电、失窃等）、驾驶保险、人身意外伤害险等。

可靠的保险公司

国内有不少可靠的保险公司，游客可以通过这些保险公司的导购网站投保，也可以到保险公司的门市部投保。父母应当根据家庭的需求来选择合适的境外旅游保险。平安保险、中国人寿保险、太平洋保险、泰康人寿保险等都是值得信赖的保险公司。不过，无论选择何家保险公司，一定要选择适合自己境外旅行的险种，通常境外保险系列的保障范围最全，提供此类保险的公司有平安保险、太平洋保险等。

常用保险公司	
网站名	网址
平安人寿保险	www.life.pingan.com
中国人寿保险	www.e-chinalife.com
太平洋保险	www.ecpic.com.cn
泰康人寿保险	www.taikang.com

要让孩子牢记的安全知识

当父母带孩子出门旅游时，风险来自四面八方，有些孩子甚至喜欢主动探险，让父母防不胜防。作为父母，应该预想出很多不安全的隐患，告诉孩子遇到危险时应该怎么办，并让孩子牢记一些安全知识，这是很有必要的。

孩子交通出行安全常识

和孩子外出旅游时，首先，要注意交通安全。要让孩子了解各种交通工具的安全须知，父母在上下车拥挤时一定要看护好孩子，以防孩子被挤伤或碰伤。在卧铺车厢，父母一定要告诉孩子不要在铺位边的小梯子上爬上爬下，更不要在相邻的上铺、中铺之间跨来跨去，以免不留神摔伤。下面，就来详细介绍一下交通安全：

1.危险随时可能发生，儿童乘车必须坚持使用儿童安全座椅。

2.乘车时，车上所有的人，包括孩子，都必须系上安全带。

3.长途驾车行驶时，每两个小时要休息一下，以免孩子烦躁哭闹，在你抱他时闹情绪。

4.每个孩子都活泼好动，所以无论是驾车还是乘坐公共交通时，不要让孩子靠近打开的车窗，他可能把胳膊伸出窗外造成危险，也可能抛出物品伤害他人。

5.永远也不要把孩子一个人留在车里。

6.教会孩子一旦被反锁在车里，要学会拍打车窗报警。

7.孩子在车里和汽车周围玩耍都是不安全的，警告孩子不要这样做。要让孩子明白汽车不是玩具，并让他们懂得危险性。

8.确保全部汽车钥匙以及危险物品随时远离孩子的视线。

9.教育孩子无论是乘坐公共汽车还是其他交通工具，都应坐稳，不可在车厢内跑来跑去。

参观景点需要注意哪些

在游览景点时，父母要告诉孩子不要将身体的一部分放进狭小的空间内，如将手指往瓶子口里插，将头伸进院墙铁栏杆的缝隙，以免被卡住。还要告诉孩子自身背心裤衩覆盖的地方不让别人碰，增强孩子的自我保护意识。或者在孩子的脖子上带一个哨子，遇到紧急状况吹哨，能逢凶化吉。

玩游戏时的安全你知道吗

秋千是孩子都爱玩的，但一定要事先叮嘱孩子，双手要始终抓牢秋千的

绳索，不玩的时候，要等秋千完全停住了再下来。另外，要告诉孩子，经过秋千旁边时，一定要绕着走，不然会被荡起来的秋千撞到。

跷跷板也是孩子爱玩的，要记得告诉他们，如果不想玩了，先跟大人或对方说，否则一方下来了，另一方没有准备，很可能也被带下来。

环行飞机以及儿童过山车等大型运动玩乐，对孩子来说，非常惊险刺激。所以，在让孩子坐之前，一定要告诉他，千万不能中途站起来，也不能解开安全带。

迷路时，你能勇敢地找到爸妈吗

要让孩子知道，不要随便告诉陌生人自己迷路了，更不要跟随陌生人到人少的地方或他家里去。如果感觉陌生人有恶意，要声明自己的父母就在附近，马上就会来，争取把他吓走；如果感觉自己无法摆脱陌生人的纠缠，可以乘其不备向人多的地方跑，并大声向别人诉说：“我不认识他！他老缠着我！”

要让孩子知道家人的电话号码，教会孩子怎样找到公用电话、怎样打电话，除了给爸爸妈妈打电话，必要时还可以寻求警察叔叔的帮助。在儿童身上放一张家长联系卡，联系卡写上儿童及家长的姓名、家庭住址、联系电话，放在儿童的衣服口袋里，万一和儿童走散了，可以让别人尽快地帮他找到家长。

如果是在商店里与爸爸妈妈走散了，不要离开商店，先在原地等一会儿，如果还不见爸妈找来，就请商店职员帮忙找到广播室，说清爸爸妈妈和自己的名字，利用广播找到家人。

教会孩子与陌生人交往的办法

父母最担心的是，孩子轻信陌生人的话而跟着走丢，或者孩子对陌生人的态度不够有礼貌，引发陌生人的攻击。要带着孩子模拟练习，让孩子知道，被陌生人主动搭讪，孩子要礼貌地问好，但是要悄悄地与陌生人保持距离，不能让陌生人碰自己的身体，也不要轻易接受陌生人的好意（除非父母同意）。遇到跟自己无关的大型客车，孩子一定要远离。

遇到小偷怎么办

父母要跟孩子商量一个暗号，孩子看到小偷偷父母的物品，怎样能让父母注意到。如果小偷偷孩子的东西，孩子千万不要有过激的保护行为，保住自己最重要。当然，在澳大利亚游玩，说中文大多数情况下也不会被人听懂。但是孩子一定要学会保护自己，不能让小偷有机会攻击自己。

危险来临时，奔跑吧，宝贝

当歹徒行凶等危险事情来临时，我们应该告诉孩子“跑！使劲地跑！”。要告诉所有的孩子，如果有坏人来势汹汹，手里拿着刀、枪或棍棒，要马上快跑，并大声呼救。向远离歹徒的方向跑，向有出口的地方跑，向有人的、人多的地方跑，同时大喊寻求帮助。如果出口被堵住或跑不掉，就想办法找地方藏起来，屏住呼吸，不发出声音，让歹徒找不到自己。

遇到其他情况怎么自救

无论遇到着火、人多踩踏、掉进水中等情况，父母都要带孩子练习正确的自救姿势。另外，父母应牢记，带着孩子每到一个地方，都要牢记安全出口的位置。这个要养成习惯，在国内的时候就要有这样的习惯，不要等到了国外游玩时才开始培养。

在路上

出发前做了大量的准备，一家人对于行程充满了期待。同时，来到全新的地方，孩子对于新环境的不适先暂且不谈，就连父母也对新环境很陌生，提前熟悉路上可能遇到的各种情况如不熟悉出入境流程、找不到目的地、孩子身体不适、不了解当地人的生活习俗而有冒犯的应对办法，并对于在澳大利亚的就餐、购物、娱乐等都要做到心中有数，才能玩得从容不迫。

出入境

出入境是进出澳大利亚非常重要的环节，掌握一定的出入境技巧非常重要。大多数情况下，从中国出境及返回入境中国，都可以通过询问的办法获得指导。而从澳大利亚出境和入境澳大利亚，都需要提前了解基本的步骤，避免忘记退税、过不了安检、遗落物品等情况出现。

● 入境澳大利亚的步骤

由国际型机场入境是进入澳大利亚边境的主要方式，下了飞机，怎样能顺利地通过安全检查、海关检查等，是很多人关心的问题。谁也不希望在到了澳大利亚机场后被拒绝入境，因此，掌握一定的入境方法非常有必要。

入境流程

填写出入境卡及海关申报	入境检查	领取行李	海关验关
当飞机快要到达目的地时，游客需要填写入境卡，需要注意的是入境卡上的签名要同你护照上的签名一致。澳大利亚境内的住址填写你预订的酒店地址，如果你住在亲友家中，填写亲友家的地址；在入境卡的右侧为海关申报表，如有需申报的物品，需在卡上“YES”一栏打上钩	主要是由移民局的官员检查护照、签证和入境卡，并询问一些简单的问题，如果不懂或略懂英文但无法准确表达自己的意思，可请求提供翻译服务。最好不要猜谜似的回答问题，以免造成不必要的误会。当检查人员在你的护照上盖上入境章时，就表示核准入境了	在领取托运的行李时，要核实自己行李上的记号，以免拿错。如果行李有损坏或未到的情况，不用着急，请直接联络机场行李处	海关检查人员收取海关申报表，行李中没有违禁品可直接出关；行李中有相关物品且填写了，需要等待检查和处理；行李中有相关物品且未填，处罚是非常严厉的。出海关后，你才正式到达澳大利亚，便可以开始美妙的澳大利亚之旅了

潮爸辣妈提示

出海关后人流量较大，一定要领好孩子。不要争先恐后、插队抢位，更不要东张西望引人注意。到达领取行李处，要看好自己的行李，以免行李被拿错或遗失。

● 从澳大利亚机场离境步骤

和入境手续相比，离境手续要简单得多。不过还是要提醒带孩子的父母，必须前一天晚上就准备好行李，确保提前2小时到达机场，这样能够轻松而坦然地办理各项手续，不至于丢三落四。到达机场后，先找到搭乘航班的服务台，或者自助取票柜台，领取登机牌。领到登机牌并选择好座位号后，通常就知道登机口是多少号了。此时，你要检查航空公司工作人员是否已经将你的离境卡取下，因为澳大利亚离境不盖离境章，离境卡将证明你已经按期离境。然后，再询问工作人员怎样前往登机处，再托运行李、进行安检、等待登机。

离境流程

换登机牌

换登机牌，通常可以到所乘坐航班的服务柜台换取，现在大多数人会选择到自助取票机上换取，换登机牌的时候可以自己选择座位，打印出来的机票上包含登机口信息

托运行李

拿着机票、护照到相关柜台办理托运行李手续，尤其注意行李里面不能有含锂电池的物品（如果要托运，电脑、相机需要取掉电池），如果行李超重，需要额外缴费

退税、安全检查

机场指定的地点办理退税手续；安全检查的时候，脱掉外套、围巾等装备，并且要把手机等电子产品、金属制的生活用品等取出，放入盒子里面，连同背包或者登机箱一起进入安检机里检查

登机

带着孩子安全登机，如果喜欢坐在窗边，可以在换登机牌时就提出；乘坐时间较长，可以将自己平时休闲用的物品放在手提包中

就餐

提起澳大利亚的美食，人们的第一印象就是美味的海鲜，但是很多父母担心孩子吃太多海鲜会腹泻，导致肠胃不好。到了澳大利亚，能不能让孩子少吃些海鲜等寒性食物呢？答案是肯定的。如果父母喜欢自己下厨给孩子准备爱心早餐或晚餐，可以到超市买新鲜的食材，在家庭旅馆或者公寓的厨房中做饭。

不过，来到澳大利亚，怎么也要带孩子体验一下澳大利亚的经典美食之旅。这就要考验父母选餐厅的能力了，首先父母要了解澳大利亚本地经典餐厅有哪些美味，答案无疑是悉尼的龙虾、昆士兰的醉蟹、西澳的金枪鱼等，这些美食都是健康而富有特色的，深受孩子喜爱，父母也大可放心。

● 悉尼的经典美食地

在悉尼，可以品尝到经典的澳大利亚牛排、悉尼牡蛎、帝皇蟹、鲍鱼火锅、虾饺、肠粉、排骨、皮蛋瘦肉粥、烧鸭、美味的日本料理、甜品等。总之，无论孩子喜欢什么类型的美食，都能在这里找到。悉尼的美食地包括唐人街、岩石区、莱卡特、达令港、国王十字区等地区。其中，最值得带孩子花时间体验的美食区毫无疑问是唐人街。唐人街有各式各样的美食餐厅，各餐厅的风格别具一格，从小餐厅到星级餐厅应有尽有。

悉尼唐人街美食地

水井坊：想要吃正宗的水煮鱼、辣子鸡等，就到水井坊。其位于唐人街上，菜品和质量都是精益求精的，做出的菜都是百分之百原味，非常适合一家人来此聚餐。

上海风味餐厅：最具中国特色的烤鸭，在悉尼的上海风味餐厅就能品尝到。这里还有美味的春卷和鸡腿菇巴豆苗等美味。

金海酒家：皮蛋瘦肉粥非常暖胃，是出门在外的游客最思念的食物之一。金海酒家能够让孩子找到慰藉，这里的早茶和皮蛋瘦肉粥都非常美味。

● 堪培拉的经典美食地

澳大利亚美食汇聚地堪培拉，除了当地的海鲜美食之外，还有英式菜、意大利菜、亚洲菜，具有多种多样的美食风味。堪培拉的甜点也是很出名的，比如用纯牛奶制作的奶酪，以及巧克力、糖果和布丁等。

堪培拉有很多美食是游客必须要品尝的，包括美食家馅饼、意大利传统比萨和黄油咖喱鸡。

堪培拉美食

美食家馅饼：馅饼和我们传统意义上的没有差别，但是味道很不一样，这里的馅饼五花八门，有豆子和猪肝、奶油蘑菇小牛肉等很多神奇的组合。

比萨：堪培拉有家意大利父子餐厅（Italian and Sons）非常受欢迎，环境十分幽静，提供的传统意大利比萨非常美味，让人看一眼就垂涎三尺。这里的甜点也都是精心制作的，还雕刻有花纹。

黄油咖喱鸡：这是印度菜的精品，在宝莱坞玛莎拉的印度餐厅中供应，非常受海外游客的欢迎。这里还同时播放电影和音乐，营造的室内环境令人温馨舒适，小孩子非常喜欢来这里用餐。

墨尔本的经典美食地

墨尔本是名副其实的美食帝国，汇聚了来自世界各民族文化和本地具有创造力的厨师，使这里成为品尝美味佳肴的最佳地点。南岸和卡尔顿地区主要是意大利风格餐厅，唐人街集中了多种风味美食，维多利亚大街集中很流行的越南和东南亚饭店，阿克兰大街和菲茨罗伊大街这里也有很多非常棒的饭店和咖啡屋。其中，唐人街是中国美食的集中区，同时也聚集了亚洲各国美食，如马来西亚菜、印度菜、日本料理等。这里物美价廉品味均佳的越南饭、卡尔顿和意大利餐、诱人

的西班牙小吃拼盘等都很受小孩子喜欢，带孩子来墨尔本的父母快来和孩子一起品尝吧。

墨尔本唐人街美食

酸奶：在墨尔本唐人街上可以看到类似北京街拐角不起眼的以罐头瓶装的酸奶，拌上白糖拿勺子舀着吃，味道非常地道。

寿司：寿司是日本料理，这里一般是卷寿司。卷寿司就是在紫菜包裹的米饭中放上黄瓜和卤菜然后卷成细长的圆柱形，一般可以切成小段食用，配上独特的酱料，非常美味。

扬州炒饭：又名扬州蛋炒饭，品种丰富，有“金裹银”“什锦蛋炒饭”及“青菜炒饭”等。它有很多配料，常用的配料有鸡蛋、海参、火腿、青豆、虾仁、猪里脊肉、香菇、笋、葱花等。

杨枝甘露：一种港式饮品，“杨枝”是指芒果、西柚等附属物品，“甘露”则是椰汁、鲜奶等主要食材。主要的烹饪工艺显著，由于芒果和西柚都含有丰富的维生素，因而营养价值很高。

购物

澳大利亚有着购物天堂之称，这里聚集着各式奢侈品，带孩子来这里旅行的父母，都想给孩子买些时尚而便宜的潮流衣物，6～12岁的孩子往往不太喜欢逛街，尤其是男孩，但是只要逛对了地方，孩子就不会闹情绪了。悉尼最好玩的购物场所莫过于露天集市和跳蚤市场，内部商品琳琅满目，在带孩子闲逛的过程中，肯定会发现孩子感兴趣的商品，可以带着孩子一起砍价，买些礼物，这样孩子便很有成就感，也会特别开心。然后，在拉着他们给亲朋好友买礼物时，就会非常听话了。

在澳大利亚买什么

虽说带着孩子购物很累很不方便，但只是游玩一趟回国不购物，又实在对不住这趟行程。对于吃、穿、用比较讲究的母亲来说，出境购物是很重要的事情。因为在国内昂贵的品牌，在澳大利亚却能以十分低廉的价格买到。所以，在澳大利亚旅行一定要买些东西回去才不枉此行。

澳大利亚必购物品			
商品类型	特色商品	打折季	详情
羊毛制品	羊毛被、羊毛毡、羊毛鞋等	每年11月至次年1月	在商场和专卖店、免税店均有羊毛制品售卖，非常优惠，既精致又保暖
化妆品	倩碧、雅诗兰黛、美宝莲、兰蔻、欧舒丹等	圣诞节后的第二天	在大型商场、机场免税店、品牌专卖店等均可买到，倩碧在打折时可相当于国内五折
儿童用品	潮流服饰、冲浪装备、玩具等	每年12月	毛绒玩具最受孩子喜欢，通常在游玩动物园的时候就能遇到
体育用品	耐克、阿迪达斯	圣诞节和有球赛时	10岁以上的孩子非常喜欢这些品牌的运动产品
日常用品	没有品牌，各种T恤、鸭舌帽、冲锋衣等	每年11月至次年1月	可以以非常便宜的价格买很多
奢侈品	香奈儿、迪奥、古驰等	圣诞节后的第二天	虽贵，却是很多辣妈的最爱，在澳大利亚境内购买，比国内便宜至少20%，建议关注优惠券

澳大利亚主要免税店信息

对于带孩子购物的父母而言，购物需要时间短、有针对性，并且退税方便，这样才能确保孩子的安全。通常直接到免税店购物，是大多数带孩子的父母的选择。免税店通常设置在国际机场、港口、游轮内，一些百货公司或较大型的零售商店也接受国外旅客凭护照在购物后办理退税服务。澳大利亚比较著名的免税店有各大城市的DFS免税店等。

澳大利亚人气免税店				
地区	名称	地址	电话	营业时间
悉尼	悉尼机场免税店DFS	3Sydney International AirportDepartures Level 2,Landside B Store, Terminal,Mascot, NSW	02-93135351	8:30至次日1:00
	悉尼DFS免税店	悉尼市岩石区乔治街155号	02-82438666	11:30～19:00
	悉尼唐人街免税店DFS	54 Dixon St., Haymarket 2000,sydney	02-92801186	10:00～18:00
堪培拉	堪培拉免税店DFS	111 Alinga Street, Canberra, ACT	02-62474304	周一至周五全天24小时营业，周末休息
墨尔本	墨尔本皇冠免税店	3/35 peel st,WEST Melbourne, VIC	03-96621168	11:00～17:00
布里斯班	机场免税店	布里斯班国际机场	0081-4023	—
凯恩斯	凯恩斯DFS环球免税店	昆士兰州凯恩斯Abbott街与Spence街交汇处	4031-2446	12:00～20:00
珀斯	珀斯免税店	772 Hey st.， Perth	08-93217882	周一至周四、周六9:00～17:00，周五9:00～21:00

退税资讯

孩子母亲可能对于退税的事情更加重视些，毕竟是能够给家里返钱的好事。所以有必要掌握一些基本的税法和相关的退税步骤。

退税单

退税单（Tax-free form或者VAT receipt）是一张总计300澳元（含GST）

及以上的有效税务发票，由购物商店开具。购买物品时，携带护照。购物满一定金额，结账时告诉收银员“Tax Refund,please”（请返税），此时便会被要求出示护照，并在退税单上填写详细的住址、护照号码，记录你所购买的每件物品（要与小票一一对应），并且写明退税能得到的金额。

通常办理退税单的工作人员会将购物小票和退税单一起装入退税信封中，便于保存；如果没有，自己保存在可靠的地方，不要丢失，丢失了就不能退税了。

有的商店是收银员直接开退税单，有的需要到顾客服务柜台（Customer Service）开退税单，如大型商场等。索要收据时，要看好店家是否退税金额打在了一张小票上，如果分了多张，可以要求商家给你合在一起。

退税的证件

携带个人护照、30天内的机票，银行卡（VISA卡，或者澳大利亚当地的借记卡）、购物小票、退税单，以及退税的商品实物（需要检查）。在退税办理机构办理相关手续，之后就能在3~7个月内获得所购物品的退税了。

退税的商品

可以退税商品的要求是：离境前60~90天内购买的商品；在同一家可退税商店购买的物品，金额超过300澳元，如果在工厂店购买物品，店主可能会要求消费一定金额（比如500澳元）以上才能退税，一定要问清楚。

退税的费用

退税不是将所有的税款退回，而要依照消费金额来计算退税的百分比，一般来说，消费越多，所退税款就越多，商店收取的手续费就越少。所以尽量在一家店中购买齐全所需商品。

收取税金的方式

一个人出境一次只能办理一次出境购物退税。退税机构的工作人员核对物品之后，会让你填写退税表格，签上自己的名字后退税就算完成了。退税款会以信用卡、澳大利亚银行账户或支票3种方式中的一种返还给你，一般选择支票需要用英文填写详细的家庭地址，然后通过邮局寄到家。

娱乐

澳大利亚的娱乐方式可谓是丰富多彩，对于带孩子来此旅游的父母而言，选择娱乐场所也要考虑到孩子的需求。可以带着孩子到沙滩潜水，也可以带着孩子到郊区的山脉地区滑雪，或者带着孩子到湖泊体验泡温泉的乐趣等，这些方式多可以让孩子享受到无限的欢乐。平时在游玩中，也可以带着孩子到海边和海湾练习水性，既锻炼身体又能保护自己。也许到了河湖边还能看到当地孩子们比赛潜水、游泳或是皮划艇等业余比赛呢。

潜水

澳大利亚算是户外娱乐的天堂，潜水是来到此处必选的娱乐项目之一。当你进入水中世界，被阳光照射的湛蓝的海水紧紧环绕，漫步于精致漂亮的珊瑚群旁，欣赏五彩斑斓的鱼儿，仿佛伸手就能触摸到它们，它们却娇俏嫣然地从你指尖滑走，这种想抓而不得的心情最让人欲罢不能。在澳大利亚旅行，能进行一次潜水体验，将会使你终生难忘。

大堡礁

以大型珊瑚礁群著称，络绎不绝的游客来此地的绿岛潜水，可以穿上专业的装备感受水底世界或是浮潜在那湛蓝的海水中飘荡，感受前所未有的轻松。还可以在海底漫步，真实地踩在海底的土地上，在专业人士的指导下玩得痛快、开心。这里的潜水费用人均200澳元，还有很多小项目，如乘船游览或乘小型直升机俯瞰美景等。

澳大利亚著名潜水地推荐

名称	地址	特色
宁格鲁海洋公园	西澳大利亚（Western Australia）的西北部临海区域	世界上最大的岸礁，拥有数百种不同种类的珊瑚和鱼类，具有唯美的热带风情，可以见到海绵和各种鱼类，甚至还能看到鲸鲨
菲利普港海角海洋公园	维多利亚的摩顿岛上，距离墨尔本1小时车程	有非常多种类的鱼、鸟以及珍稀动物海龙，还有大家耳熟能详的各种海底动物等，是潜水游玩的好去处

续表

名称	地址	特色
东海岸潜水路径	塔斯马尼亚东海岸	有大量的珊瑚湾和洞穴，海水非常清澈，能见度达到10~40米
拜尔得湾	南澳大利亚的艾尔半岛上	可以和海狮嬉戏，和海豚玩耍，在特制笼里潜水观看大白鲨
达尔文港	北领地	达尔文日落，在珊瑚礁中穿梭着各种鱼
克洛威利和戈顿湾	距离悉尼中心商业区8000米的海域	长达500米的潜水路径，有非常多的鱼，有些潜水点提供夜潜服务

潮爸辣妈提示

1.选择潜水点，最好选择有教练带领的，这样会比较安全；

2.初次潜水不要单独行动，如果孩子年龄太小不适合深潜，可以带他们到岸边浅滩练习；

3.注意海里的一些危险动物，以防被刺或咬伤，遇到后赶紧拨打紧急电话000；

4.澳大利亚有很多潜水学校，有专业和业余课程，可以先学习后再前往。

滑雪

澳大利亚带给我们的是袋鼠、考拉、阳光、沙滩，以及大堡礁清澈的海底世界和中部无边的沙漠，同时澳大利亚还是滑雪爱好者的天堂，南半球绝大多数的滑雪场地几乎都集中在澳大利亚和新西兰，这里占地面积广阔的自然雪场有很多。由于澳大利亚和我国气候是反季的，夏日炎炎、酷暑难耐时，就来澳大利亚滑雪吧！

夏洛特帕斯滑雪场

夏洛特帕斯滑雪场位于新南威尔士州，在科西阿斯科山脚下，是澳大利亚海拔最高的度假胜地，也是最古老和最僻静的度假村之一。滑雪场内设有5部缆车，以初级雪道居多，适合全家人一起游乐。

霄文雪原滑雪场

霄文雪原滑雪场坐落于悉尼南499千米处，滑雪跑道很宽敞，初级的滑雪跑道很平缓，所以很适合家庭和初学者来尝试滑雪的魅力。

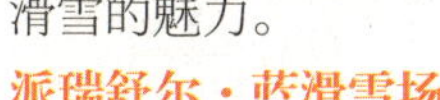

派瑞舒尔·蓝滑雪场

派瑞舒尔·蓝滑雪场是由几个著名滑雪场集结而成的滑雪区。该区域里的滑雪场可以说是“互通”的，只需要花一次入场费，就可以在任何一个属于该区域里的滑雪场自由穿梭，真可谓是“一票玩到底”啊。

其他著名滑雪场推荐		
名称	地址	特色
波波山滑雪场	墨尔本郊区，车程约2个小时	整个滑雪场由国家公园包围而成，风景优美，是一个滑雪及观赏美景的绝佳选择。由于滑雪场地势较平坦且范围不是很大，所以较适合玩雪及初学滑雪的游客
佛斯奎克滑雪场	墨尔本东北部约350千米，从墨尔本市郊乘车约4小时	专门开辟了浪漫夜间滑雪场地。至于雪融以后，骑马、打网球或山林漫步的种种乐趣，都足以消磨冗长的夏日时光
铁擂堡滑雪场	悉尼和墨尔本之间的科休斯科山上	这里有众多游客、学生在此聚集，滑雪硬件设施非常讲究，住宿环境很现代化，加上舒适的雪地巴士，都让这里成为澳大利亚最受欢迎的滑雪地之一
贺腾山滑雪场	侧临高山国家公园	欣赏到著名的丁诺高原等的壮美景观，经常会遇到滑雪高手大展身手，让人赞叹不已；这里的高山度假中心提供一流的住宿、餐饮及娱乐活动
布勒山滑雪场	墨尔本东北约250千米	布勒山滑雪场的设施完善度堪称澳大利亚之最，能满足各种程度的滑雪爱好者。即使不在滑雪季，也可以骑马进山区，在牧场过夜、看满天繁星，在钓鱼区静坐半天，这样足以消磨一段美好的度假时光

潮爸辣妈提示

1.以上推荐的滑雪场基本都有长途巴士直达，非常方便；
2.旅游体验，装备无须自备，在场地租借即可；
3.初学者不建议乘缆车到高山上，高度也有所不同；
4.滑雪期间注意孩子安全，也可以给孩子找一个专业教练陪伴。

温泉

澳大利亚温泉是不少人为之津津乐道的好去处。泡温泉不仅可以强身健体，还可以达到水疗的一些效果。其中较为有名的是墨尔本市郊的戴尔斯福特的赫本温泉和摩顿岛温泉。下面详细介绍一下这两个温泉。

戴尔斯福特的赫本温泉

赫本温泉是泉水量最多的温泉之一，泉水富含矿物质，补充铁元素，对于素来有气虚贫血症状的女士而言，更是疗养的好地方。若能在这里定期泡温泉，既有益健康，还有明显的美容效果，现在这里已经成为墨尔本人们周末假日的最佳度假地点。在这里感受泡温泉的乐趣之余，也要记得到附近的泉眼喝几口清凉的泉水。泉水免费无限量供应，建议自备水杯或水樽，泉水不宜放置太久，不然口感会变得不好。

- 地址：戴尔斯福特镇北郊大约4千米处
- 交通：戴尔斯福特旅游局前有循环巴士驶往赫本温泉；还可乘出租车，单程约15澳元
- 开放时间：7:00～19:00
- 门票：工作日大约20澳元、周末及假日大约30澳元

摩顿岛温泉

摩顿岛温泉的水来自深层地下，是天然泉水，而且洗浴的整个环境都在大自然中。山坡上的密林里，隐藏着大小不一的20多个温泉池，水温从36℃～43℃不等，还包含水疗池、桑拿房和土耳其蒸汽浴等设施。在位于山顶的温泉池更可将周围360°的美丽景色尽收眼底。如果预算比较高的话，还可以享受按摩服务或者私人浴池。

■ 地址：Springs Lane,Fingal,Mornington Peninsula
■ 交通：自驾或跟团，从墨尔本市区开车2个小时左右
■ 电话：03-59508777
■ 开放时间：7:30～22:00，圣诞节除外
■ 门票：周一至周五（不含公共或学校假日）成年人30澳元，5～15岁15澳元，4岁以下5澳元；周六、周日，公共或学校假日，成年人35澳元，5～15岁20澳元，4岁以下5澳元
■ 网址：www.peninsulahotsprings.com

儿童泡温泉注意事项

泡温泉可以强身健体，美容瘦身，所以泡温泉成为当下时尚且又流行的娱乐活动之一。但是也并非每个人都能随意的泡温泉，就拿小孩来说，泡温泉需要注意什么，这是许多家长想知道的事，让我们一起深入了解一下吧。

温度不要太高

因为体质不同，儿童承受高温的能力比较弱，而且不能够很好

地调节体温。还有孩子们的皮肤细嫩、面积小、调节能力不佳，更容易受到外界温度的影响。所以，那些对一般大人来说“很享受”的泉池，对儿童却可能会是一种折磨。如果儿童表达能力不强，即使水很烫也讲不出口，就很容易被烫伤。

如果父母很难拿捏准孩子泡温泉的温度，不妨以平日帮孩子洗澡的水温为标准来判断，一般不建议高于40℃，以免温度过高给孩子带来不适。

随时补充水分

泡温泉是使身体水分容易流失的活动，泡温泉前后的水分补充一定不可少，尤其是儿童身体水分的流失速度又比大人快，在休息时更不能忘记喝水，以补充体温升高而流失的水分。

注意皮肤保湿

高温带走体内的水分之后，皮肤表层就很容易感觉发干，请不要忘记在泡温泉后为孩子抹上保湿乳液。要挑选无香精的乳液，以免对孩子细腻的皮肤造成伤害。

每5分钟休息一次

千万别以为浸泡时间越久效果越好，浸泡的时间越长，肌肤的水分及油脂流失就越快，皮肤非但没有得到润滑，反而会因干燥而发痒。另外，浸泡过久也会导致心脏负荷过重。孩子自己还不会控制泡温泉的时间，所以父母一定要时刻注意，每泡5分钟要让孩子起身休息一下，就算水温较低，最多也只能连续泡10分钟左右。

小费

澳大利亚不是一个盛行给小费的国家，并不需要付小费。对于酒店客房打扫人员、行李搬运工，游客可以适当给予一些小费以感谢对方的出色服务。小费一般为1澳元到2澳元。

禁忌

在澳大利亚，虽然说有很多自由的空间，但终归在文化的差异下，有一些不同于我们日常生活的习俗。下面就罗列一二，提醒到澳大利亚游玩，且带孩子的父母，不要疏忽大意，以免引起不必要的误会或笑话。

称呼

澳大利亚人不喜欢“外国”或“外国人”这类称呼，认为这样抹杀个性，因为人与人是不同的，应当区别对待，过于笼统的称呼比较失礼。

行为

澳大利亚人很讲究礼貌，在公共场合从来不大声喧哗。在银行、邮局、公共汽车站等公共场所，都是耐心等待，秩序井然，游客切莫在大庭广众下插队。周日是澳大利亚基督徒的“礼拜日”，所以一定不要在周日与其约会，这是非常不尊重对方的举动。

谈论话题

澳大利亚人讨厌议论种族、宗教、工会和个人私生活以及等级、地位问题，在正式场合，他们很反感将本国与英国处处联系在一起。澳大利亚人还对“13”和“星期五”反感至极，一定要切记。在澳大利亚人眼里，兔子是一种不吉利的动物，认为碰到兔子可能是厄运降临的预兆。

意外应对

在外游玩，难免遇到一些意外事件，虽然我们都希望万事顺利，但是万一事情发生了，也要能快速地想出解决办法。对于带着孩子的父母来说，物品丢失、迷路等，可能都不是特别重要的事情，反倒孩子无论有点什么毛病，都会让人非常着急。下面的内容可以帮你们在遇到意外事情时，快速找到解决办法，安然度险。

● 孩子的大事情

孩子就是父母的心肝宝贝，在外游玩孩子有点不适，父母最闹心。孩子可能遇到的事情大致分几类，水土不服、生病较严重、情绪失控、意外伤害等，怎样处理孩子身上发生的突发事件，下面就一一告诉你。

水土不服

水土不服通常表现为消化道症状，如呕吐、腹泻。带孩子出游前就应当采取措施避免，比如带孩子多吃些蔬果、饮食清淡些等。到了澳大利亚，如果发现孩子水土不服，可以及时让孩子多休息，每天用温水给孩子泡一杯蜂蜜（补充微量元素），增添维生素B，并且让孩子保暖，不要着凉，减少激烈、刺激的活动，带孩子去吃容易消化的食物，通常很快就会好起来。

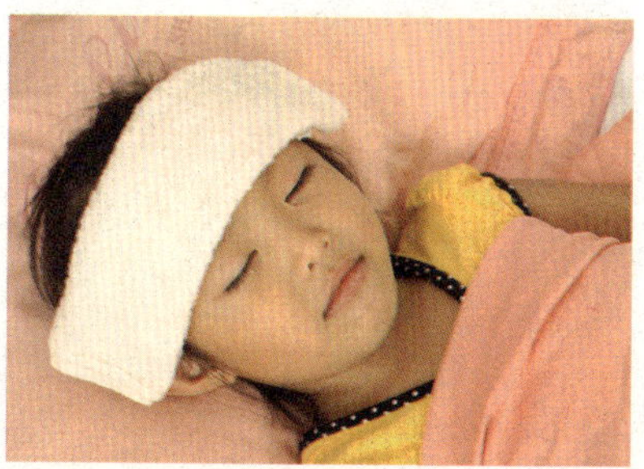

生病较严重

如果孩子到了澳大利亚就生病比较严重，比如得了流感、肠胃炎等，短期内仅靠调整不能快速恢复，那就不要带孩子玩得太累了，该卧床休息的时候就让孩子好好休息。感冒一般要7天左右才能痊愈，急性肠胃炎要3天左右才能不再危险。那么孩子精神比较好的时候，每天选取一两个景点，带孩子长见识。等孩子痊愈了，再好好游玩。

情绪失控

孩子情绪失控通常是父母比较头疼的事情，而失控的原因无外乎心情不好、需求没得到满足、身体不适引发烦恼等，解决的办法是跟孩子及时沟通，耐心地听孩子心里的话，想办法满足孩子的需求，满足不了的时候，也要好言相劝，引导孩子自己放弃过度的索取。比如孩子赖在一个地方不走，不愿意走就让孩子再玩会，好容易出来一趟，又不是要赶场，孩子爱玩就让他玩够。只要不是景区要关门、天已经黑下来比较危险等，就让孩子玩，父母也要学着从孩子身上获得欢乐。

意外伤害

孩子自己引发的意外伤害，要及时送孩子就诊，不能拖。同时关注之前给孩子购买的保险，能否挽回一些损失。由别人引发的针对孩子的意外伤害，及时送孩子就诊的同时，也要报警，向警察讲清楚事情的经过，不能听信任何人私了的要求。然后让当事人赔偿，同时也要联系保险公司理赔。

● 其他意外

证件丢失

确保出行前就将重要的证件（护照、签证、户口簿、身份证、驾照等）进行了复印备份（最好能在复印件的证件上面标明该复印件只用于补发证件的，并签名，签字适当盖住证件上的一些图文）。到了当地，如果护照丢失，就应该立即去附近的警察局挂失，索取报案证明书，证明书包括报案的编号、地点、遗失者的姓名、挂失物品等。报案后，应该立即向当地中国大使馆或总领事馆报告，并按要求申请补发护照。

中华人民共和国驻澳大利亚使领馆信息			
使领馆名称	地址	交通	电话
中华人民共和国驻澳大利亚大使馆	15 Coronation Drive, Yarralumla, ACT 2600	乘100、111、161、312等路公交车到Commonwealth Av. Albert Hall下即可	02-62734780
中华人民共和国驻悉尼总领事馆	39 Dunblane Street, Camperdown NSW 2050	乘412、413、439、480、N50等路公交车到Parramatta Rd Near Larkin St.下即可	02-85958002
中华人民共和国驻墨尔本总领事馆	75-77 Irving Road, Toorak VIC 3142	乘8路有轨电车到Irving Rd./Toorak Rd.下即可	03-98220604
中华人民共和国驻布里斯班总领事馆	Level 9, 79 Adelaide St., Brisbane QLD 4000	乘城市火车到中央火车站或罗马街火车站下，然后步行前往	07-32106509
中华人民共和国驻珀斯总领事馆	45 Brown Street, East Perth, WA 6004	乘92路公交车到Royal St. Royal Square Yellow Cat 4下，然后步行前往	08-92220333

贵重物品丢失

在澳大利亚旅行时，随身携带的现金不宜太多，在购物、用餐时都可以用信用卡、银行卡或旅行支票结算。游客最好将信用卡、银行卡的卡号，旅行支票的支票号码记下来，有些贵重物品可以放在酒店的保险箱内。如果信用卡或银行卡丢失，要立即打电话给发卡银行挂失，然后申请补办。若旅行支票丢失，只要支票的复签栏没有签名的话，丢失也不会有太大的影响，不过事先要把支票的号码记下来，可以方便补办和申请赔偿。

行李损坏或丢失

当你拿到行李后发现行李在货仓内有损坏，那应该立即在行李转盘处或是前往航空公司设有的专设柜台处理。在索赔的时候，游客要填写行李破损报告，然后航空公司才会负责理赔。如果找不到行李，可以持登机证上的行李注册存根向航空公司查询，请工作人员帮忙查找。万一还是找不回来，则须填写报失单，最好详细地写清楚行李箱中的物品和价格，并保留一份副本和机场服务人员的姓名及电话，如果你的行李在3天内没有被找到的话，航空公司会按照合同给予赔偿。

机票丢失怎么办

丢失机票，一般分为以下2种情况：一种是如果能确认丢失机票的详细情况，则可以重新签发；二是购买待用机票，并且在一定时段内没有不正当使用丢失的机票，如果情况属实，则可以申请退款。如果不知道机票的详细情况，可以亲自和购买机票的中国公司驻澳大利亚办事处联系，查询详情。

迷路了怎么办

在外旅行，随身携带一份地图非常有必要，地图可以在机场的游客协助处或城市的游客信息中心领取，也可以在商店购买。游玩时，如果发现自己迷路了，最好的办法是找警察问路。如果旁边没有警察，则可以礼貌的询问路旁的商家。如果是去野外旅游，带上指南针很有必要。没有指南针，可借助野外知识和一些标志性建筑明确方向，如太阳、植被等；实在自己找不到道路，可以打电话给警察求助，待在原地耐心等待。如果自驾车迷路，可以借助车上的GPS或手机地图来找路，若是没有导航，那就到最近的加油站、商店问问。

<table>
<tr><th colspan="3">应急常用电话</th></tr>
<tr><th colspan="2">部门</th><th>电话号码</th></tr>
<tr><td colspan="2">救护车、火警、警察（24小时）</td><td>000</td></tr>
<tr><td colspan="2">口笔译服务（免费、保密、24小时）</td><td>131450</td></tr>
<tr><td rowspan="4">医疗健康传译服务</td><td>中悉尼（包括悉尼中部、东南部）</td><td>02-95153222</td></tr>
<tr><td>北悉尼</td><td>02-99267560</td></tr>
<tr><td>西南悉尼</td><td>02-98286807</td></tr>
<tr><td>西悉尼</td><td>02-98403456</td></tr>
<tr><td colspan="2">人体免疫力缺乏病毒 / 艾滋病诊所热线</td><td>11620</td></tr>
<tr><td colspan="2">酗酒及毒品热线</td><td>02-98180444</td></tr>
<tr><td colspan="2">紧急牙科服务</td><td>02-98160308</td></tr>
<tr><td colspan="2">拨号上网求救</td><td>106</td></tr>
</table>

孩子生病了怎么办

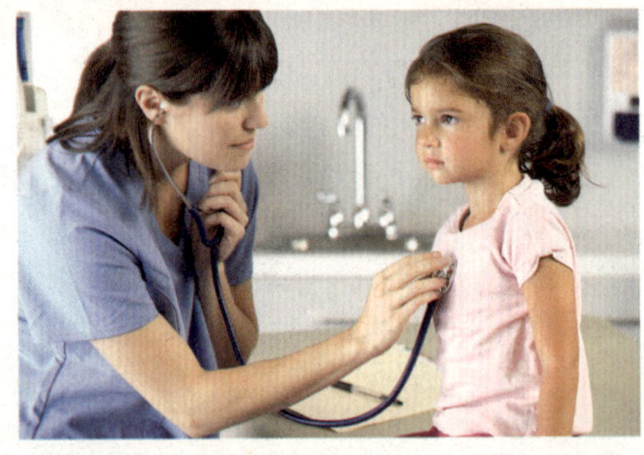

在旅行途中，孩子抵抗力比较弱，在疲劳的状态下很容易生病。父母很有必要事先掌握急救的措施以及应对紧急状况出现。同时，为了预防临时找不到药店、医院，父母也应当在旅途中自带些常用药品，如止泻药、感冒药、消炎药、止痛药以及创可贴、风油精等，可根据家庭实际情况准备。有男孩子的家庭，需要多准备些跌打肿痛类的药，但要注意云南白药等不能入境澳大利亚；有女孩子的家庭，要多准备些感冒、发烧的非处方药。

带孩子旅行，父母最担心的就是孩子在路途中遇到这样那样的小麻烦，如晕车、发烧、拉肚子、过敏等。为避免“乘兴而来、扫兴而返”的遗憾，爸爸妈妈事先得将准备功课做足了，有条件的话，还要掌握一些便捷、有效的自助方法，以便及时应对突发状况。下面就详细介绍一下孩子生病的解决办法。

“灵丹妙药”百宝箱

旅行必备的常用药品	
功用	药品
治疗外伤的药物	酒精棉、纱布、创可贴、紫药水等
治疗发热、感冒、咳嗽和化痰药物	如儿童专用感冒冲剂、板蓝根、小儿退热栓、泰诺、美林、复方阿司匹林等
必要的消炎药物	如阿莫西林、阿奇霉素
治疗便秘的药物	如杜秘克、开塞露
治疗腹泻的药物	如多粘菌素、力百汀以及治疗脱水的口服补液盐
肠胃药	如藿香正气液、保济口服液、复方胃舒平等
过敏药	氯苯那敏
晕车药	如苯海拉明（年龄小的宝宝）、茶苯海明（学龄儿童）

孩子晕车了怎么办

有些孩子在乘坐交通工具时会出现晕车的症状，例如头晕、恶心、呕吐等。对于学龄以上的儿童则可服用茶苯海明，每次服用25毫克，也应于乘车前30分钟服用。

肠胃不舒服了怎么办

生活规律的改变，来到澳大利亚饮食的不适应，常常会造成孩子肠胃不适。一定要多给孩子吃些富含纤维素的蔬菜和水果等食物，需使用开塞露辅助排便，同时还要服用杜秘克等软化大便的药物。

拉肚子了好难受

在旅行路上孩子可能出现腹泻的症状，主要表现为发热、呕吐、腹泻，甚至还出现脱水。遇到这种情况，除应特别注意饮食卫生外，还要及时给孩子补充充足的水分，特别是含有糖分和电介质的口服补液盐。同时应该服用消炎药，治疗急性胃肠炎常用的消炎药为多粘菌素、力百汀等，最好不要给孩子服用呋喃唑酮、小檗碱等，这些药物可能对孩子的生长发育有些影响。

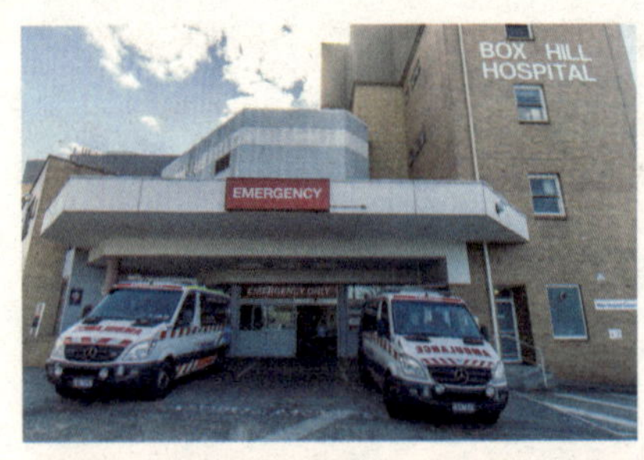

澳大利亚主要旅游城市的医院				
城市	医院	地址	电话	网址
悉尼	Westmead Hospital	Cnr Darcy Rd. & Bridge St., Westmead NSW	02-98455555	www.wslhd.health.nsw.gov.au
	Sydney children's Hospital	High St., Randwick NSW	02-93821111	www.sch.edu.au
	Saint Lukes Hospital	18Roslyn Street Potts Point NSW	02-93560200	www.slc.org.au
堪培拉	Canberra Hospital	Yamba Dr.,Garran	02-62442222	www.health.act.gov.au/our-services/canberra-hospital-campus
	National Capital Private Hospital	Corner Gilmore Crescent & Hospital Road Garran ACT	02-62226666	www.nationalcapitalprivatehospital.com.au
墨尔本	The Royal Melbourne Hospital	300 Grattan Street Parkville VIC	03-93427000	www.rmh.mh.org.au
	The Alfred	55 Commercial Rd., Melbourne VIC	03-90762000	www.alfred.org.au
	Sandringham Hospital	193 Bluff Rd., Sandringham VIC	03-90761000	www.alfredhealth.org.au
布里斯班	Royal Brisbane and Women's Hospital	Butterfield St., Herston QLD	07-36468111	www.health.qld.gov.au
	Brisbane Private Hospital	259 Wickham Terrace Brisbane City QLD	07-38346111	www.brisbaneprivatehospital.com.au
	The Wesley Hospital	451 Coronation Drive Auchenflower QLD	07-32327000	www.wesley.com.au

澳大利亚旅游常用药

如果在澳大利亚旅行时，孩子感冒、发烧，可是父母没有准备好相关的药品，那么就可以在澳大利亚的药店或者诊所中买一些基本用药。

澳大利亚旅游常用药		
药物名称	功效	图片
Lucas Paw Paw（木瓜膏）	处理各种临时小伤口的消炎；去眼袋黑眼圈；宝宝的护臀霜，对尿布疹很有效；对于干裂的肌肤很有效	
Panadol（感冒药）	用于缓解感冒、发烧、头痛、胃痛、关节痛等，对于胃痛有很好的疗效，孕妇可以放心服用	
Codral+cough（相当于白加黑）	Codral感冒流感止咳日夜新配方，有效缓解感冒症状，可针对头痛、发烧、全身酸痛、流鼻涕、咳嗽等	
Gasrto-stop（强力止泻药）	专治肠胃不适	
Nurofen（外敷止痛药）	适用于软组织损伤引起的剧烈疼痛，包括扭伤、拉伤及其他运动伤害，有缓解疼痛和消炎的功效	
Livostin（眼药水）	抗组胺剂眼药水，对过敏性结膜炎有很好的疗效，如有眼睛痒、发红、爱流泪、肿眼睑等症状，均可以使用	
Sm-33gel（口腔溃疡膏）	抑制牙龈肿痛，防止肿胀牙周部位的感染，减轻牙龈肿痛，有效抑制牙龈肿痛的牙齿软膏。对于口腔溃疡、新换假牙、牙齿磨损、牙龈肿痛、上颚及舌头起泡非常有效	

出游方式

出游方式决定旅游的质量。如果是初次带孩子出境的家长，建议选择跟团游或者半自助游，如果有一定旅行经验的父母，则可以选择自助游，时间更弹性，也更为自由。

跟团游

父母带孩子初次去国外旅行，如果担心自己的语言能力不足以沟通或是缺乏行程经验，可以选择跟团旅行。跟团游的最大优势就是省事省心省力，旅行团把吃、住、行、玩都安排妥当，且游玩的景点一定是非常经典的，有导游陪同介绍，线路偶尔会根据需求做出调整。这种旅行方式适合经济宽裕、平时比较忙的一家人。在游玩的过程中，孩子也可以结交到同行的朋友，何乐而不为呢。

选择合适的旅行社

跟团旅行，最重要的就是选择正规、大型的旅行社。最好能多了解几家旅行社，做咨询和调查，货比三家。不要轻信旅游广告，不要贪图价格便宜，牢记一分价格一分货。一般来说，旅行社的报价包括2种：一种是全包价，即包括食、宿、行、游全部费用；另一种是小包价，即只包一部分费用或在某一段行程中的费用。父母根据家庭的消费能力，选择适合自己的旅行社。

选择旅行团时，要慎重考虑以下问题：

1.行程安排是否合理，与自己预想的行程是否较为接近。

2.明确费用内容和质量，注重服务内容的细节，如出行返回时间、交通工具、住宿（店名、地点、星级及入住房间标准）、用餐（店名、地点、用餐标准）、景点票价的支付、有无全程导游、有无购物安排、旅行社是否已购买旅行社责任险及是否按规定向游客建议购买足额的旅游意外保险等。

3.行程表是否详尽，行程表越详尽，游客与旅行社中途随意更改变动行程安排的可能性就越小。

游客可以在国内报团，也可以到了各旅游城市再报团。中国国内非常有影响力的旅行社有中国旅行社（简称“中旅”）、中国国际旅行社（简称“国旅”）、中国康辉旅行社、中青旅、锦江旅行社、春秋旅行社、广之旅、中信旅行社等。

中国部分旅行社相关信息			
名称	地址	电话	网址
中国旅行社（北京）	北京市朝阳区霞光里15号霄云中心B座12层	400-6006065	www.ctsdc.com
中国国际旅行社（广州）	广东省广州市越秀区沿江东路421号	020-83279999	www.ctsho.com
中国青年旅行社（上海）	上海市黄浦区黄陂北路228号	400-6777666	www.scyts.com

自助游

自助游相对比较自由，无疑是大多数游客喜爱的一种出行方式。在澳大利亚自助游有2种方式，即全自助游和半自助游。

全自助游有最大的自由度，这种旅行方式可以根据自己的喜好有选择地游玩，但是选择全自助游需要做好充分的准备工作，查阅大量资料，制定详细计划，以防中途出现突发状况。

半自助游需要做的准备工作相对少一些，但是出发日与回程日无法由自己把握，不能更改时间，相对来说要受一定限制。半自助游这种方式非常适合带孩子出行的父母，这样可以由国内的旅行社代订好往返机票与住宿的酒店，也可以自己预订机票与酒店，到了目的地时跟当地团参加旅游。

自驾游

澳大利亚地广人稀，道路交通设施也非常完善，很多带着孩子游澳大利亚的父母最喜欢的出行方式莫过于自驾游。这样既方便快捷，又有自已的空间来选择线路，还能一起享受一家人在一起的其乐融融。澳大利亚的汽车租赁相当火爆，大的租车公司主要有赫兹（Hertz）、安飞士（Avis）、欧洛普卡（Europcar）和苏立夫提租车（Thrifty）等。

澳大利亚自驾游需要注意的事项

澳大利亚非常适合自驾游，城市之间的道路特别适合自驾，既能尽情欣赏沿途风光，又能体验澳大利亚的热情。澳大利亚租车手续很简单，中国游客需凭护照、驾照、驾照翻译件及公证书租车。

在租车的时候，一定要仔细检查车辆有没有故障等，还要问清楚租车的费用、保险、能否异地还车等问题。在交付费用的时候，一定要签租车协议，并仔细阅读协议上的注意事项等。

国际型人气租车公司

租车公司	英文名	简介	网址
安飞士	Avis Rent a Car System	美国底特律创建，发展至今，已经超过了60年，遍布全球各个机场和大城市	www.avis.cn
赫兹	The Hertz Corporation	芝加哥创立的汽车租赁行，目前应该是全球最大的汽车租赁公司，在全球146个国家拥有约8400多个门店，服务不错	www.hertz.com
欧洛普卡	Europcar	一家偏欧洲的公司，成立于法国巴黎，最近发展得不错，除了欧洲外，Europcar在美洲和澳大利亚也发展得不错	www.europcar.com
苏立夫提租车	Thrifty	苏立夫提租车目前在全球68个国家地区里，共有1028个营业据点，车辆种类齐全	www.thrifty.com

在澳大利亚租车类型及价格

澳大利亚的租赁车辆种类齐全，从日本各种品牌的经济车型、美国的别克和福特等到豪华的奔驰、宝马、捷豹等应有尽有。需要注意的是，租车的价格不是按品牌确定的，而是按照车型和大小规格划分的，首先要确定是租普通轿车（Car）、多功能运动型轿车（SUV）还是其他跑车类型的车辆，比如赫兹有些网点就提供豪华车和绿色环保车等特殊车型。大型租车公司提供的大都是9成新的车辆，车龄不到一年或是行驶里程不到30000千米。

澳大利亚的租车公司一般以日本车、美国车和澳大利亚本地产的HOLDEN为主，澳大利亚的道路大都平坦宽阔，对于不常在海外租车的中国游客来说，租普通的日本轿车就足够了，既省油又易于控制，而且费用又便宜。

澳大利亚租车价格参考表

车型	价格
小型轿车	31～41澳元/天
中型轿车	33～62澳元/天
大型轿车	35～105澳元/天

澳大利亚租车注意事项

在澳大利亚租车有很多地方需要牢记，以防出现问题应对不暇。同时，了解在澳大利亚租车自驾的各细节，也有助于在办理租车、退租手续，出现突发意外事故时，能从容应对。

澳大利亚租车注意事项

事项	介绍
行驶方向	靠左行驶，右舵车，与中国不一样
租车价格	建议在网上多看几家，了解价格

续表

事项	介绍
签订合同	签订正规的租车合同，合同上应标明取车的车牌号、剩余油量、哪些地方有刮痕（可以拍照留作证据）、喇叭和雨刷等是否好用、计价方式等各种细节；并且在签订之前要求租车公司工作人员陪同看车
购买保险	最好购买CDW和PAI两种保险，当遇到交通事故时，由保险公司负责赔偿。个人受伤、车辆或第三者产业损毁等均位于车辆登记第三者保险计划之内
携带证件	绝大多数租车公司都需要护照，驾驶证件带在身上，防止交警突击检查惹麻烦
是否敞篷	开敞篷车很拉风，看孩子是否适合乘坐，不过怕晒的话要慎选；实在不行就准备50倍的防晒霜，出行前半小时涂上厚厚的一层，这样可保护好肌肤
加多少油	租赁公司的车辆大都加满油，如果选择"空箱租"，就要先支付一箱汽油钱，在澳大利亚，汽油也分为不同的型号，汽油有普通Unlead，即无铅汽油，其标号是91号；V-POWER，即高效能汽油，标号能达到97号，BP的加油站甚至可以达到98号。一般车子上路后加91号汽油就可以了
交通标识	交通标识国际通用，尤其注意单行线和步行道
拿上名片	别忘记拿一张租车公司的名片，万一迷路或者需要救援，就可拨打名片上的电话
GPS导航仪	一定要有导航仪，也可用iPad导航，能显示单行道；赫兹的Neverlost车载卫星导航系统设备、电脑制作的驾驶指南以及Sirius卫星收音机，都是特别为国外驾驶者提供的贴心的导航和辅助娱乐服务
副驾作用	副驾最好懂开车，能帮忙指路；专业的GPS有语音播报，但是iPad没有，即使有语音，在稍微吵点的路段也听不清楚，此时副驾驶可以帮着指路
付款方式	澳大利亚的信用体系发达，租车时需要刷信用卡作为担保，所以你的信用卡的可用额度必须能够支付租车的所有费用，否则就无法取到车。车辆的所有费用会在你还车时扣除，一周以后就可以在网上查到电子账单

潮爸辣妈提示

众所周知澳大利亚是右舵车，应注意车辆拐弯、环岛行驶以免逆行；所有人都必须系好安全带；根据澳大利亚的交通法规定，7岁以下儿童都需要配备儿童座椅，所有涉及儿童、涉及安全的规定，澳大利亚警察都管理的特别严格，不建议你心存侥幸，应提前和租车公司租儿童座椅。

如何在澳大利亚自驾游

在澳大利亚自驾游，除了知道上述基本的租车常识和注意事项之外，了解如何办理澳大利亚交警承认的驾照、了解澳大利亚的基本交通规则、能够识别加油站标识并及时找到可靠的加油站、知道一些简单的加油语言、具备娴熟的应对意外擦碰的处理办法也非常有必要。

如何租车

要租车，首先得有驾驶执照（后文简称“驾照”），通常在澳大利亚租车，只要你年满25岁，并有国内驾照的公证及翻译件即可租车。大部分汽车租赁服务均须以各大主要国际信用卡签账。选用现金付账的话，一般须预先缴付车租及500澳元作为押金，押金将于还车时退回。需要注意的是，有些情况下，即便能够租到车，但是如果驾照不合法，一旦出现事故，罚款就会很严重，罚金很高，违反法律的性质就会改变等。

善用中国大陆驾照

澳大利亚的租车公司现已接受中国驾照，拥有有效的中英文本中国驾驶执照可直接使用。若是中文驾照，则需要同时出示一份英文版的中国驾照的公证书。办理英文公证书必须带好你的驾照、身份证、户口簿原件，去有关车管所申请护照档案清单并盖章，再联系户口所在地公证机关翻译。不过驾照公证后并非等同于“国际驾照”，其有效期一般为3个月。

以下是根据官方资讯整理的清单，关于中国游客（仅限B类签证）持中国大陆驾照能否在澳大利亚合法驾车的要求，希望能够帮助在澳大利亚游玩的父母。另外，要特别注意，中国大陆目前无权核发合法的国际驾照，所以任何打着这种幌子办理国际驾照的机构，所走的渠道都不合法，切勿相信。

中国游客持中国驾照在澳大利亚驾车的要求	
州名/领地	附加规定
西澳大利亚州	公证及认证的驾照翻译件即可
北领地	除了国际驾驶许可证外还应携带IDP
南澳大利亚州	一份驾照英文翻译公证件
昆士兰州	办一份公证件
新南威尔士州	办一份公证件
维多利亚州	办一份翻译公证件
塔斯曼尼亚州	一份英文翻译公证件
首都领地	办理领事认证或NAATI等指定机构的翻译件

● 长时间游玩的人可办理澳大利亚驾照

如果持有澳大利亚永久签证的中国人，持有中国驾照在澳大利亚认可机构翻译后，就可以在澳大利亚开3个月的车。如果超过3个月，必须转换成澳大利亚驾照才能在澳大利亚继续开车。由于澳大利亚规定只能同时持有一份有效驾照用来开车，所以转成澳大利亚驾照时，驾照管理机构将使原来的驾照作废。

不管你是在澳大利亚考新驾照，还是想把中国的驾照转成澳大利亚驾照，都需要通过交通规则考试和路考。

1.备考笔试：首先在RTA网站上下载考试手册，也可以花费10澳元购买，熟记考试手册的各项细节，有中文系统和英文系统，都为选择题，考试在电脑上完成。

2.参加笔试：携带护照、驾照、公证书和大约34澳元到相关部分参加笔试考试。在电脑上完成试卷，做完题后交卷，当场知道是否通过，考试通过后，交19澳元就可以拿到L牌驾照，有了L牌，就可以开车上路了。若没通过还有一两次重考的机会。重考机会用完还是没通过，还想考的话就再交钱报名。

3.参加路考：参加路考前，必须有50小时以上的L牌开车记录填写在

Log book上。驾校的师傅似乎开几小时就填写几小时，弄假被查到会重罚。剩下的时间可以加钱补齐，也可以找朋友带你开。只要满足条件后，就可以在RTA办公室预约参加路考。参加路考需要携带考试预约收据、L牌驾照、身份证明（如护照）和42澳元。如果你有中国驾照，请带上原件和官方翻译件，同时要自备考试车辆。

4.考试结果：通过路考后，有3种情况：如果能够证明你在18岁以后的驾驶时间超过3年（即你在国内的驾照时间超过3年），你就可以获得Full Licence，Full Licence的制作费用是43澳元；如果你的驾龄超过1年但是还不满3年，可以获得有条件驾照P2（绿P），P2的制作费用是68澳元。等在你澳大利亚的驾龄和国内的驾龄加起来满3年，并通过Driver Qualification Test（考试费用每次34澳元），就可以换Full Licence；如果你的驾龄不满1年，或者在国内没有驾照，可以获得有条件驾照P1（红P），P1的制作费用是43澳元。驾龄满一年，并通过Hazard Perception Test（考试费用每次34澳元），可以换P2。

交规及驾驶风俗

澳大利亚的交规为行车时车辆靠左侧行驶，方向盘则位于车辆右侧，与英国和日本等国家相同，与

中国正好相反，初次前往澳大利亚驾驶的朋友需要特别注意并适应一番。在此总结一下澳大利亚的驾驶风俗与交规，提前了解。

1.不同的驾照等级需要悬挂不同标识。驾照等级共分为“L”（Learner，即初学）、P1（Provisional第一阶段）、P2（Provisional第二阶段），2~3年无不良记录后（取决于各州政府规定）方可换取正式驾照。所以在道路上车辆前面都会有相应的标识。

2.澳大利亚的交通标志。Give Way（减速让行）表示车辆在确保安全的情况下可以不完全停稳地通过；Stop（停车让行）表示车辆无论如何都必须停稳到静止状态，然后确保安全情况下才能通过；限速标识，以及环岛（Roundabout）标识是车辆从左侧面进入并按顺时针方向旋转行驶，驾驶员必须给右手边的车辆以及正在环岛中行驶的车辆让行。

3.澳大利亚的红绿灯法则与国内不同。国内规定在安全情况下允许红灯时右转，而在澳大利亚，红灯情况下禁止车辆向任何方向通行，

除非在有些专门设有转向绿色箭头的交通灯的路口可以通行。另外，车辆跨越十字路口从左向右转向时，只要交通灯设有红绿色箭头指示灯，车辆不得在直行绿灯亮时提前跨越停止线待转，即必须等待右转红灯变绿后才可以跨越停止线向右转向。

4.在斑马线主动避让行人是一种义务。在接近斑马线人行横道之前会遇到指示牌和地面上的锯齿形白线提醒驾车人员减速，在澳大利亚如看到有行人正在或者将要走上斑马线穿越马路时，驾驶员必须让行，否则会招致警察和罚款。

5.注意各种禁止停车的警示牌。“No Standing”（禁止停靠）指车辆禁止在区域内停靠，即短暂的在路边接送乘客都是不允许的；“No Stopping”（禁止停车）意味着车辆不可以在区域内停留但可以短暂停靠，如接人等；“No Parking”（禁止停放）指禁止在区域内停放车辆，而停放的概念是车主将车辆停好并离开现场。每个牌子的下方都会有个单向或双向箭头，意思是从这个牌子立柱的左侧或右侧（具体看箭头指向哪个方向）禁止或允许停车。

6.允许合法停车的示意牌。“1P”或“2P”等绿色字母的指示牌代表此区域内可以合法停车。“P”代表Parking，而“P”前面的数字代表可以停放的小时数，即1P代表可以停放1小时，2P等于两个小时。中间的时间段代表受限制的区段，这个区段以外的地方不受指示牌上的限制。如果1P后面还写有“Ticket”字样，表示此区域内停车需要交费，而付费停车时间同样只限1小时。

7.残疾人专用的车位及指示牌。有些地方专门设有残疾人车位，使用者需要在车辆风挡内出示残疾证，否则一般车辆不得占用。如果触犯交通规定而且哪怕是一点点都会被严厉处理并不得有一点通融。因此各位出行的朋友们千万不要存有侥幸心理挑战当地交通制度。遇到紧急情况可以在任何地点使用任何手机或座机免费拨打匪警、火警和救护热线，号码统一为“000”。

8.澳大利亚加油站多为自助加油，在加完后记住油枪号码，再到旁边的便利店柜台付款即可。燃料种类包括普通无铅汽油（ULP）、高级无铅汽油（PULP）、98号高纯度汽油（98 RON）、柴油以及LPG天然气等。

澳大利亚驾车注意事项	
事项	介绍
携带资料	一定要随身携带驾照
交规	要靠左行驶，与中国大陆正好相反
	各州的限驶速度不相同，在主要路段一定要观察路旁限速指示牌
	见到“STOP”的停止标志，一定要将车完全停住
	进入环岛的车，一定要让已经在环岛上的车先行
	在日出前和日落时，要开车前灯
	酒后驾车是严重的违法行为，交警会随时在路上抽查
安全	司机和所有的乘客，包括儿童/婴儿都必须系好安全带

怎样加油

到了澳大利亚自驾，很多游客关心在哪里给汽车加油、加多少号的油、加油是否需要办卡、怎样表达自己加油的需求等问题。

怎样操作油枪

将车辆驶入加油站，停车、熄火、自己下车拿油枪加油，把油枪对准油箱口，捏“扳机”固定住，开始加油。加满时油枪自己会“砰”的一声断开，把枪放回去，然后再走进加油站付费即可。有的加油站有工具可供刷玻璃，还可以给轮胎免费打气，刷玻璃或打气的时候，也要确保车上的人员，和车内环境的安全，关好门窗，注意过往的行人。

用现金还是刷卡

在澳大利亚加油站的加油方式多采用自助式。当你加完油，把油枪放回原处，油表就停下了，这时你要记住自己加油的位置号码，再走进油站，把号码告诉收银员，他就会告诉你多少钱。付款时，可以付现金也可以刷卡，可以使用国内的双币信用卡。

潮爸辣妈提示

注意澳大利亚加油站的传统是周四最贵，周五开始每天递减，到周三是最便宜的，大多数加油站都这样。所以在澳大利亚建议周四、周五少加油，最好撑到周三加满，不过周三经常要排队，需耐心等待。

加油站的标志

澳大利亚的加油站主要包括壳牌、美孚、BP、Caltex，以及7-11等。这些加油站大都以提供汽油和柴油为主，还有一些无铅汽油，无铅汽油比柴油贵一些。加油站后面就是小超市，如果自助加满油后，走进店里直接付费即可。大多数加油站都备有打气设备，都是免费的，一按按钮就可以打气，还可以给自行车打气。另外，高速公路边上的加油站都设有厕所。

加油常用语言

中文	英文	中文	英文
请加满油	Please fill up	加20元钱的油	Plus 20 AUD of oil
可以测胎压吗	Can I measure the tire pressure	用现金支付	Cash payment
我想打气	I want to cheer	用信用卡支付	Pay by credit card
请帮我一下	Please help me	需要91号油	I need 91 oil

意外事故巧处理

在澳大利亚自驾除了上述问题外，还可能会遇到收到交通罚单（红灯被照相罚单、超速、在学校附近超速、闯红灯被警察抓到、没有避让特殊任务车、没有携事合法驾照驾驶、没有礼让行人、开车打手机、晚上没开车灯、夜间开远光灯、STOP SIGN 没停）、听不懂警察说的话、出车祸、不小心车子被拖走之类的情况，这些事情发生了该怎么处理，是让很多游客感到困惑的事情。

出了车祸怎么办

1.冷静：一定要冷静，无论你是不是肇事者，也无论对方态度如何，你不可以对着对方大喊大叫，基本上每辆车都有保险，所以在事后只需要寻找保险公司理赔即可。

2.报警：无论是不是自己肇事，立马报警。如果是对方追尾，那就是对方全责，你要做的就是让警察来现场做记录，不能不报警，也不能答应“私了”，避免日后不认账的情况出现。

3.警察来前拍照留证据：在警察到来前，要用手机拍照记录自己和对方车辆的受损情况，作为证据，最好照片上能够有日期水印。周围有目击证人是最好的，请他们留下姓名、电话、住址等，便于日后有纠纷时为证。用手机拍照的方式，记录对方的驾照信息、保险信息、车辆注册信息、抄下对方的车牌，记录对方当时的地址、电话。

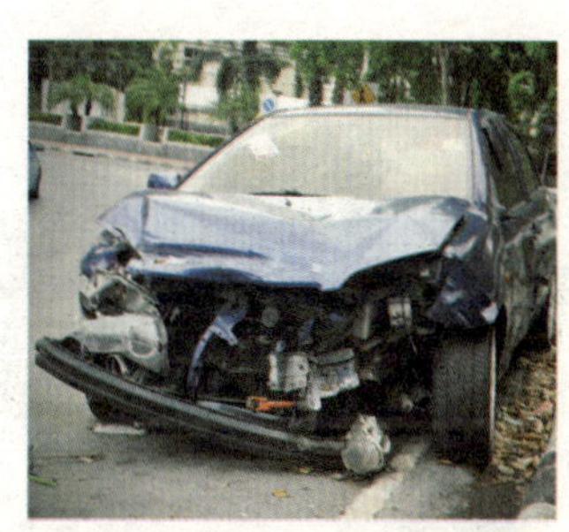

4.在车祸现场注意自己的言行：最好的办法是少言，等待警察来决定如何处理。必要的时候，可要求翻译服务。

5.如果自己肇事，在停车场刮擦：记录对方的驾照、车辆、保险信息，事后进行理赔。如果对方不在场，要把自己的保险信息留在对方的车上，以免造成肇事逃逸的罪名。

GPS导航仪装在哪里

GPS导航仪的支架不可贴在挡风玻璃上，却可以放在仪表板上方。因为撞车时挡风玻璃会脱落，导航器若贴在挡风玻璃上会刺破弹出的安全气囊，非常危险。

行车记录仪

车辆的登记车主或承租人有权禁用该设备。在租车的时候，一定要检查被取车辆是否有这个仪器。

自驾游备什么物品更保险

首先证件（驾照及中英文公证件、护照等）要齐全，租车协议及保险要齐全（开自己的车的游客，要有车辆注册文件和汽车保险）。准备一份车祸现场记录表，照相机或手机也可以（可以拍照录像车祸现场的情况）。

畅游世界，在旅行中成长
带孩子游澳大利亚

PART 2

带孩子游悉尼

悉尼是澳大利亚第一大城市，带孩子游悉尼，可以感受国际大都市的繁华气息，可以在悉尼歌剧院聆听音乐，可以在海港大桥欣赏悉尼美丽的夜景，可以在邦迪海滩感受澳大利亚人热情的性格以及悠闲的生活方式，可以在蓝山公园亲近大自然美丽的风光和体验爬山的乐趣……总之带孩子去悉尼吧，那里有全世界最密集的动物园、水族馆和公园，以及数不清的动植物，相信你和孩子一定会感到快乐的！

带孩子怎么去

优选直达航班

带着孩子出行，能够乘坐直达目的地的航班是所有父母的需求。目前，乘坐飞机从中国能直达澳大利亚悉尼的城市主要是北京、上海、广州、南京和香港。游客可以参考下面的信息，选择航班。表格中的出发时间是以北京时间为准，到达时间是悉尼当地时间。北京时间比悉尼时间晚2小时（标准时差）。悉尼当地时间分夏令时和冬令时，冬令时为标准时间。

从中国到悉尼，承运直达航班的航空公司主要是中国国际航空公司、中国南方航空公司和中国东方航空公司，这三家公司都能够提供中文服务，适合带着孩子、首次出境游玩的游客。承运需中转航班的航空公司很多，信誉度比较高的有国泰航空公司、新加坡航空公司、日本航空公司等，游客可根据需求选择。

中国到悉尼的直达航班资讯

承运公司	航班号	班次	路线	出发时间	到达时间		实际北京时间
中国国际航空	CA173	每天均有	北京→悉尼	00:50	夏令时	15:30	12:30
中国国际航空	CA173	每天均有	北京→悉尼	00:50	冬令时	14:30	12:30
中国国际航空	CA175	周二、四、六	上海（浦东机场）→悉尼	19:35	夏令时	9:30	次日6:30
中国国际航空	CA175	周二、四、六	上海（浦东机场）→悉尼	19:35	冬令时	8:30	次日6:30
中国东方航空	MU735	每周二、四、五、六、日	上海（浦东机场）→悉尼	00:15	夏令时	13:35	次日10:35
中国东方航空	MU735	每周二、四、五、六、日	上海（浦东机场）→悉尼	00:15	冬令时	12:35	次日10:35
中国东方航空	MU561	每天均有	上海（浦东机场）→悉尼	20:20	夏令时	10:00	次日7:00
中国东方航空	MU561	每天均有	上海（浦东机场）→悉尼	20:20	冬令时	9:00	次日7:00
中国东方航空	MU8439	每天均有	上海（浦东机场）→悉尼	20:05	夏令时	9:45	次日6:45
中国东方航空	MU8439	每天均有	上海（浦东机场）→悉尼	20:05	冬令时	8:45	次日6:45
中国南方航空	CZ301	每天均有	广州→悉尼	8:25	夏令时	20:40	次日17:40
中国南方航空	CZ301	每天均有	广州→悉尼	8:25	冬令时	19:40	次日17:40
中国南方航空	CZ325	每天均有	广州→悉尼	21:00	夏令时	9:25	次日6:25
中国南方航空	CZ325	每天均有	广州→悉尼	21:00	冬令时	8:25	次日6:25

续表

承运公司	航班号	班次	路线	出发时间	到达时间		实际北京时间
澳大利亚航空	QF130	每周一、二、三、四、五、六	上海（浦东机场）→悉尼	20:05	夏令时	9:45	次日6:45
					冬令时	8:45	
	QF326	每天均有	广州→悉尼	8:25	夏令时	20:40	次日17:40
					冬令时	19:40	
	QF328	每天均有	广州→悉尼	21:00	夏令时	9:25	次日6:25
					冬令时	8:25	
	QF340	每周一、三、五	南京→悉尼	19:30	夏令时	9:30	次日6:30
					冬令时	8:30	
国泰航空	CX111	每天均有	香港→悉尼	19:00	夏令时	7:20	次日4:20
					冬令时	6:20	
	CX161	每天均有	香港→悉尼	21:25	夏令时	9:45	次日6:45
					冬令时	8:45	
	CX101	每天均有	香港→悉尼	23:55	夏令时	12:05	次日9:05
					冬令时	11:05	

潮爸辣妈提示

中国国际航空有中国到悉尼/墨尔本的套票专区，仅适用于最低2人往返，且2人中需要一个儿童（年龄在2～12岁）或一名老人（60岁以上），人数可以递增，最多6人。大人及儿童或老人必须是同去同回。

巧法“调时差”

北京时间和悉尼的标准时间相差了2小时。游客从中国飞到澳大利亚，并没有时差的感觉，而是比中国还早2小时，上述直达澳大利亚的航班，预示着游客一到澳大利亚，就可以开始游玩了。最痛苦的事情就是，在上飞机前一天通宵晚睡，然后上飞机猛睡，那样孩子身体吃不消，很多父母都不愿意用这种方法，那么有没有更好一些的办法，能够帮助孩子在飞机上好好休息，保存体力，下了飞机就兴奋地玩耍呢？当然有。

平稳调时差法

全家出游时，孩子是重点照顾对象，但孩子往往会因为旅途过于兴奋导致过分疲劳，因而产生更加严重的时差反应。作为家长，在旅程开始时就要尽量多照顾孩子，比如让他们不要因为搭乘国际航班而太过兴奋，可以像在家中一样，给孩子带一些故事书，或是让孩子观赏一段飞机上可以选择的动画片视频，这样能够让孩子的注意力相对集中，不会因为好奇而导致兴奋过度，最终无法在飞机上入睡。一般来说，孩子们的自我约束能力较差，家长要帮助孩子调整作息时间，该睡觉时一定要努力要求孩子睡着，如果在旅程中孩子觉得太累，也不妨在白天里多找机会让他们睡多点时间，只有这样，才能让时差对孩子身体的损害减到最小，在到达目的地的一两天之后，经过循序渐进的调整，孩子也一般会很快适应当地的生物钟，从而快乐地投入到在当地的游玩活动中。

增强身体适应能力

说起来，调时差的问题，对于身体适应能力极强的人而言，非常容易。怎样让孩子增强这样的能力，也是不少父母感兴趣的话题。总结下来，主要有坚持运动（以瑜伽、慢跑、游泳等为主）、适当节食（在飞机上减少进食，落地后再进食）、多晒太阳（注意防晒）、注重行前餐饮质量（以蛋白质含量较高、口味清淡、热量低、无刺激、量少为准）。年龄大一些的孩子，在这些方面增强了身体素质，基本可以跟成年人一样快速调整时差。

潮爸辣妈提示

1.在旅途开始的前一天，可以按照新时区的时间开始调整生物钟，比如早睡或者推迟睡两个小时。

2.在旅途开始的前四天，要开始少吃含脂肪、盐、咖啡因和糖类的食物，而要多吃新鲜的水果和蔬菜。

3.登机之后，尽快把手表调成目的地的时间并且根据新设定的时间进行作息。如果现在手表显示午夜时间，那么就尽快让自己入眠。

4.在飞行途中，要多喝水，切忌饮用含咖啡或酒精的饮料，因为它们会让你脱水并影响你的睡眠。

5.到达目的地之后，如果是白天，不要急着睡觉。可以带着孩子尝试着做一些运动或者晒晒太阳来减轻睡意，等到入夜之后再睡觉。

从机场到悉尼市

悉尼的飞机场有4个，分别是悉尼机场（又叫金斯福特・史密斯机场）、班克斯镇机场、Hoxton Park 机场和 Camden机场，其中Hoxton Park 机场和 Camden机场是航空训练机场，班克斯镇机场主要为私人和专用航空提供服务。悉尼机场主要负责悉尼市的国内航班起降，从中国飞往悉尼的航班多停靠在该机场。

从悉尼机场出发

悉尼机场是悉尼市的主要国际机场，也是全世界最大的机场之一。从该机场前往悉尼市区可乘坐机场巴士、城市铁路、出租车等交通工具。

- 地址：Airport Dr.,Mascot NSW 2020
- 网址：www.sydneyairport.com.au

悉尼机场至悉尼市中心的交通			
交通方式	英文	介绍	时间/票价
机场大巴	Sydney Airporter	分为悉尼国际机场巴士（Kingsford Smith Airport Bus）、悉尼机场巴士（Sydney Airporter）等种类，提供前往Kings Cross区、市区以及Darling Harbour地区的酒店、旅馆、背包旅行客栈等的运输服务	每20分钟一班；成人单程13澳元，儿童4澳元，往返22澳元
机场特快班车	Airport Express	绿色和金色机场特快班车在国内、国际机场，以及市区和Kings Cross之间有多条路线运行	20分钟一班；单程为7澳元，往返12澳元
出租车	Taxi	有专门的出租车候车区，但是打车价格比较贵	到环形码头约25~35澳元，到悉尼北区约60澳元
城市铁路	Airport Link	乘坐城市铁路是前往悉尼市中心最便捷的，每6～15分钟就有一班火车往返于市区和航站楼之间	约15分钟到达市区；单程17.2澳元

潮爸辣妈提示

悉尼机场离市区非常近，由于噪音管制，机场在23:00至次日5:00的飞机都会停运。悉尼机场有3座航站楼，分别是T1（国际线）、T2（国内线）和T3（Qantas国内），其中T2和T3航站楼离得比较近，T1航站楼比较远，与T2、T3航站楼相距4千米左右，航站楼之间都有巴士接送。

亲子行程百搭

市内百搭

经典之旅

乘坐380、389、392、396、L94、X94路公交车到环形码头下即可

❶ 悉尼歌剧院 Sydney Opera House　2小时

步行10分钟

❷ 环形码头 Circular Quay　2小时

步行7分钟

❸ 岩石区 The Rocks　3小时

乘悉尼探险者巴士

❹ 悉尼海港大桥 Sydney Harbour Bridge　2小时

海滩及港湾之旅

乘城铁至Town Hall站下，南出口沿着Bathurst St徒步即可到达

❶ 达令港 Darling Harbour　2小时

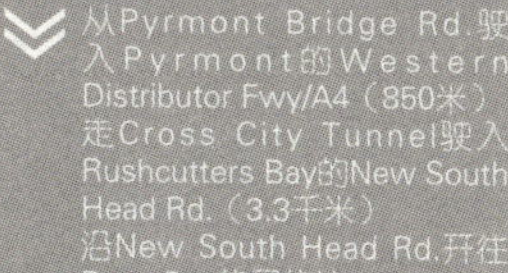

从Pyrmont Bridge Rd.驶入Pyrmont的Western Distributor Fwy/A4（850米）走Cross City Tunnel驶入Rushcutters Bay的New South Head Rd.（3.3千米）沿New South Head Rd.开往Rose Bay的目的地

❷ 玫瑰湾 Rose Bay　3小时

向东北行驶（47米），向右转，前往New South Head Rd.（180米）再进入O'Sullivan Rd.经过1个环岛，继续前行，上Curlewis St.经过1个环岛目的地在左侧

❸ 邦迪海滩 Bondi Beach　4小时

景观之旅

乘200、441、X73、X74等路公交车可到

❶ 皇家植物园 Royal Botanic Garden　3小时

步行4分钟到Circular Quay, Alfred St, Stand A站搭乘301路公交车3站后在Hyde Park, Elizabeth St, Stand A站下车

❷ 海德公园 Hyde Park　2小时

从公园出来后，约步行5分钟即可到达

❸ 悉尼塔 The Sydney Tower　2小时

途经Market St，约步行10分钟即可到达

❹ 悉尼野生动物园 Wild Life Sydney Zoo　2小时

周边百搭

悉尼周边百搭路线示意图

海滩之旅

乘火车从悉尼市中心Central站出发，到Gosford站下车即可/自驾车前往

❶ 中央海岸 3小时

Central Coast

走Wisemans Ferry Rd.约19分钟路程，继续沿A38开往Brookvale14分钟路程，向右转，进入Pittwater Rd./A8继续沿Pittwater Rd.行驶。开往Manly的N Steyne6分钟即可到达

❷ 曼利海滩 3小时

Manly Beach

自然风光之旅

驾车至市中心，在周边游览

❶ 悉尼市中心 2小时

Sydney City Center

驶入Western Distributor Fwy/A4沿着A32驶入Katoomba的Parke St.约101千米，约1小时24分钟

❷ 卡通巴小镇 2小时

Katoomba Town

从Katoomba St.向北行驶，到Davies Ln绕过环岛的1出口上Bathurst Rd/Main St.，从环岛的3出口上Parke St.向左转，进入Great Western Hwy/A32向右转，进入Govetts Leap Rd即可到达蓝山脚下

❸ 蓝山国家公园 3小时

Blue Mountains National Park

亮点

1 达令港：观赏海湾美景

2 悉尼海港大桥：观赏悉尼夜景

3 邦迪海滩：尽情地戏水

4 考拉公园保护区：亲近考拉

5 悉尼水族馆：窥探海底世界

6 蓝山国家公园：体验自然风光

悉尼歌剧院

适合孩子年龄：9～12岁

游玩重点：欣赏歌舞剧、品尝美食、购买纪念品

悉尼歌剧院（Sydney Opera House）坐落在壮观的悉尼港内，其独特的帆船造型让无数人为之倾倒，是游客游玩澳大利亚必去的景点之一。它还是世界著名的表演艺术中心、悉尼市的标志性建筑，作为悉尼的灵魂，不仅是悉尼艺术文化的殿堂，更是公认的20世纪世界十大奇迹之一。带着孩子来这里，想必仅仅是歌剧院那如起航之帆船的建筑特色就足以吸引孩子的眼球了。

亲子旅行资讯

- 2 Macquarie Street,Sydney
- 乘坐380、389、392、396、L94、X94路公交车到环形码头下即可
- www.sydneyoperahouse.com
- 团队游23澳元，演出站席约40澳元、一般座席约60澳元
- 导游带领参观9:00～17:30（每隔30分钟一次），售票处9:00～20:30
- 02-92507111，售票处02-92507777

潮爸辣妈提示

带着孩子来观看演出时尽量穿着正式，如果担心孩子不听话闹情绪，可以用表演来吸引孩子注意力。观看演出时不能拍照、摄影，必须关闭手机。演出完毕后，需等所有演员谢幕后才能开始离席。如果选择后台参观需提前预订，参观时需穿平底鞋。

岩石区

岩石区（The Rocks）是悉尼最受欢迎的地方之一。这里有酒吧、餐厅、购物商场、画廊和旅行纪念品商铺，在此人们可以尽情体验原汁原味的澳大利亚风情，还可以参观附近博物馆和艺术画廊。另外，这里体验活动有很多，如骑自行车游览各种景点或乘坐游船出海观鲸，抑或在悉尼海港大桥下的道依斯角公园野炊等，都可以享受到独特的旅行体验。

适合孩子年龄： 6～12岁
游玩重点： 骑自行车环行、乘游船观鲸、在公园野炊、在商场购物

亲子旅行资讯

- 110 George Street,Sydney
- 从中央火车站乘坐市区环线（City Circle）5分钟即可抵达环形码头；从市区乘坐311、433路公交车在Argyle St Near Harrington St站下车步行
- www.therocks.com
- 免费，但是参加其他活动需要另行收费
- 全天开放
- 02-92408500

潮爸辣妈提示

爸妈带孩子骑车环行时，要时刻注意孩子的安全，虽然这种骑行方式是游览岩石区最好的方式之一，但出门在外，大多数家长还是把孩子的自身安全放在第一位。

达令港

达令港（Darling Harbour）又被译为“情人港”，位于悉尼市中心西北部。这里有时髦的咖啡厅、精美的喷泉、雕塑、海滩等娱乐设施，每逢特殊节日，悉尼居民都悉数聚集于此庆祝。达令港的夜景很美，可以说是灯火辉煌，港内的海水也被灯光映照得五光十色。达令港由港口码头、绿地和各种建筑群组成，港内娱乐设施齐全，风景优美，游人如织，是澳大利亚一颗璀璨的明珠。

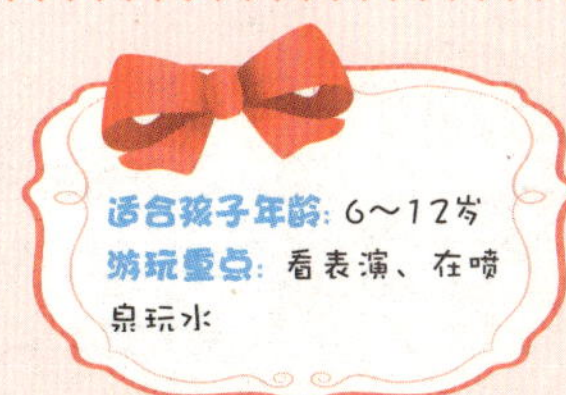

亲子旅行资讯

- 距悉尼中央火车站2千米并和唐人街相连
- 乘城市铁路至Town Hall站下，从南出口沿着Bathurst St徒步即可到达，或乘巴士至Market St、Park and Druitt St、Bathurst St、Liverpool St站下皆可
- www.darlingharbour.com
- 02-92408500

潮爸辣妈提示

每周三至周日，只要天气晴好，达令港南端的海扇湾会有两个巨大的半圆形水幕播放《海洋幻境》，其高科技的激光影像配合水底灯光和良好的音响效果，令人赞叹不已。这里从早到晚都有各种不同类型的娱乐节目，除大型文化表演外，还有体现当地人文特色的烟花会演和街头戏剧。

悉尼海港大桥

悉尼海港大桥（Sydney Harbour Bridge）是悉尼的地标之一，也是悉尼早期的代表建筑。它像一道横贯海湾的长虹，巍峨俊秀，气势磅礴，与举世闻名的悉尼歌剧院隔海相望，成为悉尼的象征。带着孩子来全方面体验悉尼海港大桥的最好途径是步行，同时也可以登上塔楼进入塔楼瞭望台饱览悉尼美景，或是通过攀登大桥来感受大桥的雄伟英姿。

亲子旅行资讯

- Cumberland Street,Sydney
- 乘火车或Ferry至Circular quay随后步行，或可乘悉尼探险者巴士
- 02-99032159

潮爸辣妈提示

带着孩子来到悉尼海港大桥，需要注意孩子的安全，10岁以下儿童不允许参加攀爬大桥的活动；在进入瞭望台时，可给孩子预备个望远镜，这样小孩肯定玩得不亦乐乎。

邦迪海滩

邦迪海滩（Bondi Beach）是悉尼最著名的海滩之一，被誉为“冲浪者的天堂”。其海岸线呈月牙形，蓝色的大海与洁白的浪花交相辉映，美轮美奂。带着小孩来到这里，可以在海滩上晒太阳、玩游戏或是游泳冲浪，也可以在邦迪冰山游泳池戏水，更可以在海滩边享用诱人美食。无论是哪个季节，邦迪海滩所散发的热情，始终吸引着大批游客前往。

亲子旅行资讯

- Queen Elizabeth Drive, Sydney
- 乘333、362、380、381、382等路公交车到Campbell Parade Opp Hall St站下即可
- www.bondibeach.com
- 全天开放

潮爸辣妈提示

带着孩子来邦迪海滩之前，最好做好防晒准备，否则有可能会被晒伤。尽量不让孩子下水游泳，因为这里的海浪比较凶猛。陪孩子在海滩上游玩，最好不要中午步行太长距离，要以小孩的体力而定，同时不要让孩子远离你的视线，以免走丢。

澳大利亚博物馆

适合孩子年龄： 8～12岁
游玩重点： 观看动物标本、看原住民表演

澳大利亚博物馆（Australia Museum）位于海德公园附近，是世界公认的十家顶级展馆之一，也是澳大利亚最大的自然历史博物馆。馆内有鸟类、昆虫、哺乳动物，以及关于宝石和矿物的教育性展示区。博物馆内藏品很多都是独一无二的，还有关于印度尼西亚人的风俗展示，同时还经常有非常有特色的原住民表演。

亲子旅行资讯

- I William Street,Sydney
- 从市区中心步行或乘坐悉尼观光线路在第15站下车
- www.australianmuseum.net.au
- 成人15澳元，家庭（2名成人和2名儿童）30澳元
- 9:30～17:00
- 02-93206000

潮爸辣妈提示

博物馆中能看到好多凶猛甚至致命的生物，如漏斗网蜘蛛、海港鳄鱼等，不过不用害怕，它们都被隔在了玻璃后边。这里不仅是一个展出展品的地方，还是一个资源丰富的教育基地，最适合带孩子来长知识和锻炼胆量了。

新南威尔士州美术馆

适合孩子年龄： 6～12岁
游玩重点： 参观美术作品、听音乐会、亲手参与绘画

新南威尔士州美术馆（Art Gallery of New South Wales）在皇家植物园的南边，是澳大利亚国内第四大美术馆，馆内主要展出的是澳大利亚各个时期的美术作品，还有欧洲和亚洲的美术作品。

需要注意的是，美术馆中每周三17:00～21:00都有一个叫Art. Afterhours的活动，活动中有演讲、音乐会、艺术展览等，非常热闹。此

外，每周日的14:00～15:00有一个叫Galley Kids的活动，届时，美术馆便成了孩子们的乐园。

亲子旅行资讯

Art Gallery Road,Sydney

www.artgallery.nsw.gov.au

周四至下周二10:00～17:00，周三10:00～21:00；免费导游开放时间为11:00、13:00、14:00

02-92251700

悉尼水族馆

悉尼水族馆（SEA LIFE Sydney Aquarium）是世界顶级水族馆之一，位于皮尔蒙特大桥的旁边。馆内集中了澳大利亚近海及河流中的上万种水生动物，通过透明的隧道，游客可以看到鲨鱼、海龟等海洋动物，还可在展示区看到企鹅和鸭嘴兽等珍稀动物。带着孩子来这里，仿佛一下子进入了电影《海底总动员》的情境之中，特别是在触摸区，孩子可以与部分水生动物亲密接触，肯定会玩得不亦乐乎。

适合孩子年龄：3～12岁
游玩重点：观看海底动物、目睹投喂鲨鱼、学习潜水知识、水中漫步

亲子旅行资讯

1-5 Wheat Road,Sydney

乘Monorail单轨列车在Darling Park Monorail Stop站下车即可

www.sydneyaquarium.com.au

成人40澳元，网上预订28澳元；儿童28澳元，网上预订19.6澳元

周一至周四9:30～18:00，周五至周日9:30~19:00

1800-199657

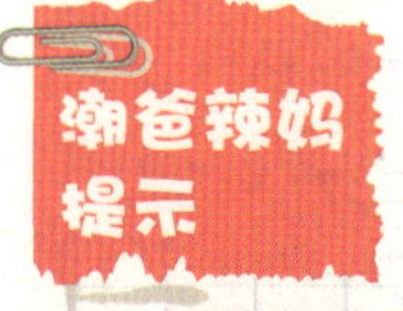

潮爸辣妈提示

爸妈带着孩子来这里，在享受快乐的同时，也要注意孩子的安全，4～15岁儿童必须有爸妈陪同参观。如果想下水潜水，需要备好浴巾和泳衣。

蓝山国家公园

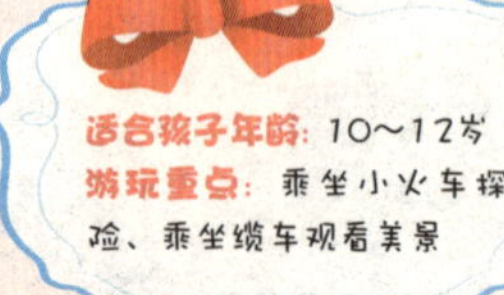

蓝山国家公园（Blue Mountains National Park）位于澳大利亚东南部的新南威尔士州境内。这里拥有雄伟壮观的大自然景色，其中以尤加利原始森林、热带雨林以及优美的天然瀑布而闻名。这个公园很大，游客可以在这里乘坐观光巴士、小火车或缆车深入热带雨林徒步探险，或者乘坐缆车从空中俯瞰三姐妹峰、卡通巴瀑布、孤寂山以及杰米逊谷。在这里，春天能看到樱花、桃花和海棠花，秋天有枫叶、白桦和落羽杉等，一年四季都适合前来游览。

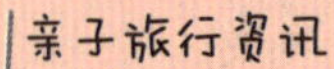

Govetts Leap Rd., Blackheath NSW
可于雪梨中央车站搭乘City Rail前往，也可搭乘Blue Mountains Explorer Bus前往
www.nationalparks.nsw.gov.au
1300-361967

潮爸辣妈提示

带着孩子前往蓝山国家公园游玩，可在这里住宿多玩几天，这里温差很大，建议多带件外套；高空缆车底部是透明的，脚底下就是山谷，恐高症者慎坐；在山里探险应穿防滑、轻便的鞋子。

悉尼野生动物园

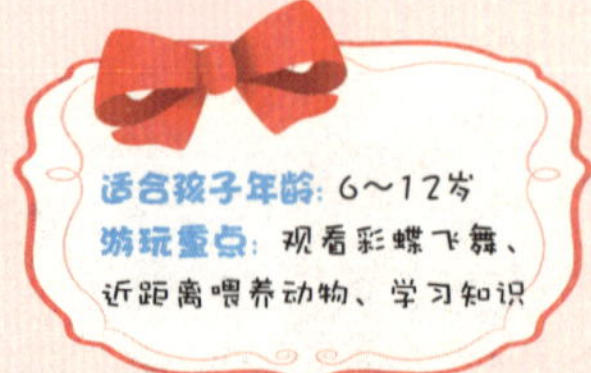

悉尼野生动物园（Wild Life Sydney Zoo）位于达令港，邻近悉尼水族馆，是世界上唯一的室内动物园。野生动物园有彩蝶飞舞、无脊天下、爬行异族、峡谷飞行、午夜迷踪、骄阳似火、热带雨林、袋

鼠悬崖和澳大利亚宝贝这9个展馆。在园内除了观赏外，儿童还有机会穿上白袍，在专家的带领下，来到实验室，摸一摸蛇类和人造鳄鱼皮，深入了解澳大利亚的生态环境。在园内每参观一个展馆都是一次刺激的探险体验，不管是成年人还是儿童，都会从中受益匪浅。

亲子旅行资讯

- 1-5 Wheat Rd., Darling Harbour ,Sydney
- 乘单轨电车在Darling Park站下车即可，或城市铁路可至Town Hall station下车
- www.wildlifesydney.com.au
- 现场购票成人40澳元，儿童28澳元；网上购票成人28澳元，儿童19澳元
- 9:30 ~ 17:00
- 1800-206158

考拉公园保护区

考拉公园保护区（Koala Park Sanctuary）的前身是考拉医院，原来主要是为了保护考拉以及治疗生病、受伤的考拉而建，现在变成了一个小型的考拉保护区。园内创造的环境很接近自然环境，考拉在这里得以快乐成长。带孩子来到这里，不仅可以近距离地观看萌态可掬的考拉，而且让人会有一种置身丛林中的感觉。

亲子旅行资讯

- 84 Castle Hill Road,West Pennant Hills
- 从市内乘坐城市铁路前往Pennant Hills，然后换乘No.651或No.655巴士可到
- www.koalapark-sanctuary.com
- 成人19澳元，儿童9澳元
- 9:00 ~ 17:00（圣诞节除外）
- 02-94843141

库灵盖狩猎地国家公园

库灵盖狩猎地国家公园（Ku-Ring-Gai Chase National Park）位于悉尼市中心以北24千米处，与布罗肯湾（Broken Bay）的南侧和Pittwater的西岸接壤。这里完美地将悉尼各种元素调和在一起，有砂岩、丛林、水景、原住民岩石雕刻，还有徒步路线、骑马游项目，以及野餐区。带着孩子来这里，一边品尝美味，一边亲近自然是很好的选择。

适合孩子年龄： 6~12岁
游玩重点： 亲近自然、徒步游览、骑马

亲子旅行资讯

- Bobbin Head Road, Ku-Ring-Gai Chase
- www.nationalparks.nsw.gov.au
- 日出至日落
- 02-94728949

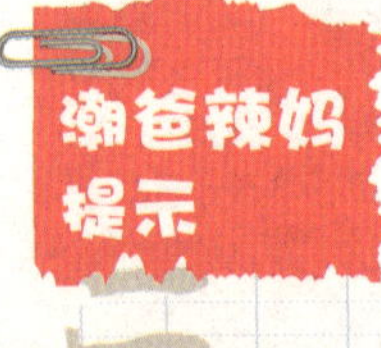

公园里和周围都有一些可以游泳的地方，但是布罗肯湾是一个比较危险的区域，经常有鲨鱼出现，所以不建议到那里游泳。父母可以带孩子去Basin游泳，那里装有拦鲨网，比较安全。

悉尼其他景点推荐

中文名称	英文名称	地址	网址
悉尼塔	Sydney Tower	Westfield Sydney,450 Pitt St.,Sydney（周边女装店地址）	www.sydneytowereye.com.au
圣玛丽大教堂	St. Mary's Cathedral	St. Marys Rd., Sydney	www.stmaryscathedral.org.au
悉尼鱼市	Sydney Fish Market	Bank Street & Pyrmont Bridge Road, Sydney	www.sydneyfishmarket.com.au
麦考利夫人座椅	Mrs Macquarie's Chair	Mrs Macquaries Rd., Sydney	—

续表

中文名称	英文名称	地址	网址
海德公园军营博物馆	Hyde Park Barracks Museum	Queens Square, Macquarie St., Sydney	www.sydneylivingmuseums.com.au
悉尼市政厅	Sydney Town Hall	483 George Street, Sydney	www.sydneytownhall.com.au
中国城	China Town	2/319 Sussex St., Sydney	—
史蒂芬港	Port Stephens	悉尼东北部160千米处	www.portstephens.org.au
屈臣氏湾	Watson's Bay	轮渡码头及附近区域	www.sydney.com.au
伍伦贡（卧龙岗）	Wollongong	Wollongong, New South Wales	www.wollongong.com.au
猎人谷	Hunter Valley	Broke Road, Pokolbin	www.huntervalley.com
悉尼杜莎夫人蜡像馆	Madame Tussauds Sydney	AquariumWharf,Darling Harbour,Wheat Rd., Sydney	www.madametussauds.com.au
奥林匹克村	Sydney Olympic Park	Homebush Bay Drive, Sydney	—
动力博物馆	Powerhouse Museum	500 Harris Street, Ultimo, Sydney	maas.musevm
蒙哥国家公园	Mungo National Park	Arumpo Road,Mungo	www.visitmungo.com.au
库吉海滩	Coogee Beach	Arden St., Coogee	—
国立海洋博物馆	Australian National Maritime Museum	2 Murray Street, Sydney	www.anmm.gov.au
珍罗兰钟乳石洞	Jenolan Caves	4655 Jenolan Caves Rd., Jenolan	www.jenolancaves.org.au
百老汇商业区	Boardway Shopping Center	1 Bay St., Ultimo	—
新南威尔士州图书馆	State Library of New South Wales	Macquarie St., Sydney	www.sl.nsw.gov.au
皇家国家公园	Royal National Park	Farnell Avenue, Sydney	www.nationalparks.nsw.gov.au

跟孩子吃什么

悉尼是海港城市，孩子在这能吃到全球各地的美食。这里从希腊、意大利、法国等欧洲国家的风味美食，到泰国、中国、日本、越南、韩国、印尼等亚洲国家的特色料理，比比皆是。这里的蔬菜水果品种繁多，而且新鲜价廉，牛肉、羊肉、海鲜也是新鲜美味，到悉尼大可以一饱口福。来到悉尼，不如先带孩子尝尝当地的特色美食，了解悉尼的美食文化，然后再去各餐厅品尝。

悉尼的特色美食

悉尼作为一个海港城市，当然海鲜是最为重要的，也是最受海外游客欢迎的美食。带着孩子来悉尼，吃东西很方便，除了前面提到的餐厅类型之外，悉尼鱼市场的海鲜随处可见，也是人们品尝美食的好去处。这里的好处就是琳琅满目的海鲜，能让孩子大饱口福。

悉尼鱼市场有哪些美味

走进悉尼鱼市场，肯定会被海鲜阵势所惊呆，你会看到各种各样的龙虾、帝王蟹、生蚝、三文鱼、鳕鱼等整齐地列在摊案上。市场内设有各具特色的海鲜餐厅，中西式海鲜美食应有尽有。熟食摊的各式海产尽现眼前，深海大龙虾、整条肥美三文鱼、巨大的皇帝蟹、闪闪发光的对虾、鲜活生蚝等都惹人垂涎欲滴，在经过烧烤、油炸、清蒸、蒜茸炒等多种独特的海烹调手法后，异常美味。在此人们除了可即时到海鲜餐厅品尝丰富美食，亦可随意在琳琅满目的鲜鱼部选购海鲜，把刚买的鲜嫩海鲜交到熟食部的大厨手上，然后让其按照自己的口味要求，烹调成一顿丰富鲜味的海鲜餐。此外，一家人到海港边的露天餐座，可一边欣赏海景一边品尝美食，别有一番风味。

DIY甜点课程

在鱼市场除了品尝名厨烹制的海鲜之余，还可花费一天的时间带着孩子报一个学习甜点美食制作的课程，这样就可以和孩子一起动手制作喜爱的点心了。这样不仅可以满足孩子的愿望，又可以享受DIY制作可爱甜点的成果。爸妈们既可以重温做手工的快乐，又可以跟孩子更亲密。

爸妈们在做DIY点心时，要考虑小朋友的口味，对于他们来说新奇可爱最为重要，制作过程就相对简单，让小朋友主导，爸妈做辅助，这样不仅锻炼了孩子的动手能力还能发挥他们的想象力。

曲奇饼干做法

1.黄油软化后用电动打蛋器打至白色。

2.加入筛过的糖粉，先用硅胶刮刀抖匀，再用电动打蛋器打至发白。

3.拉油，油要慢慢放或者分次放，以防油水分离。

4.把水和奶粉搅匀后，慢慢或分次加入黄油糊，以防油水分离。

5.加入筛过的面粉，先用刮刀拌匀，再用打蛋器稍微搅拌，时间不宜过长，防止起面筋。

6.烤箱预热175℃。然后，把面团放入挤花袋，或者塞入曲奇模具里，再挤出不同样式的曲奇。

7.放进烤箱里，在10～15分钟内观察曲奇的颜色，看到变成金黄色就可以一个个取出来。

这样可爱简单的曲奇饼干就做成了，小朋友们通过自己动手制作，增加他们的成就感，父母看着孩子开心，自然也就很开心。这个过程将会成为孩子在异国他乡最深刻的回忆。

孩子最喜欢的餐厅

悉尼堪称美食天堂，你能在这里找到几乎全世界的美食。如果你想吃澳大利亚本土风味的美食，那就享用一下澳大利亚龙虾、皇帝蟹、牡蛎、松鼠鱼等；如果你怀念中国风味美食，那唐人街是最迎合你需求的地方；如果你想品味其他国家的美食，不如选择寿司、咖喱饭、意大利面等。

中厨

中厨（Chef's Gallery）宣传的主旨是“中厨饮食万花

筒”，主要以小碟菜式为主要呈现方式，其中包括传统菜色。中厨秉持着对手工制作与使用新鲜食材的原则，一直坚持为客人提供最美味的食物。周一至周四都会提供优惠午餐，菜式丰富又营养，是CBD白领们的选择。同时，中厨也会是最适合想一次多尝试不同菜色或想与亲朋好友一起分享的顾客的不错选择。

■ 地址：105 Bathurst St., Syandy
■ 交通：搭乘1CBD、2CBD、412、461、480、483等公交车，在Castlereagh St. Near Bathurst St站下车，步行即可到达
■ 网址：www.chefsgallery.com
■ 开放时间：11:30~15:00，17:30~22:00
■ 电话：02-92678877

华英小厨

华英小厨（South Hurstville Chinese Restaurant）是位于悉尼的一家粤菜餐馆，开业比较早，算是悉尼老牌的中式餐馆了。这里供应蔬菜、海鲜、肉类，食材非常新鲜，口感很爽脆。来这里的中国游客推荐品尝一下招牌生蚝，约5澳元一个，可以蘸着XO粉丝酱吃。这里的服务员也十分热情好客，基本都是男性服务员，菜单是中文的，方便中国顾客阅读。

■ 地址：846 King Georges Rd., Sydney
■ 交通：搭乘公交车940、941、943或者944路，在Bridge St. At Forest Rd.下车
■ 网址：www.menusonly.com.au
■ 电话：02-95464806

悉尼其他餐厅推荐

中文	英文	地址	电话
西北饭庄	Sea Bay Restaurant	372 Pitt St. , Sydney	02-92674855
金海酒家	Golden Harbour Restaurant	31/33 Dixon Street, Sydney	02-92125987
北方拉面馆	Chinese Noodle Restaurant	160 Thomas St. , Sydney	02-92819051
鼎泰丰	Din Tai Fung	World Sq-uare ,644 George St., Sydney	02-92646010
金唐海鲜酒家	Golden Century	393-399 Sussex Street, Sydney	02-92123901

和孩子住哪里

悉尼的住宿地主要集中在岩石区、市中心或靠近十字区等地，其住宿价格略有浮动，周末的房价会便宜一些，而郊区的房价会贵一些，此外在悉尼需要交纳10%的床铺税。适合带孩子旅游的父母的住宿地类型主要有带家庭房的酒店、青年旅舍、家庭式公寓，价格以酒店和公寓较高，青年旅舍则比较实惠，不过青年旅舍的家庭房通常空间较小，且旅舍内人员多是年轻人，较为喧闹。父母应当优选最合适的住宿类型。

国王十字丽都套房酒店

国王十字丽都套房酒店（Lido Suites Kings Cross）距离国王十字火车站仅300米，距离海德公园和皮特购物中心有10分钟的公交车车程，距离邦迪海滩有不到15分钟车程。酒店内设备齐全，服务设施到位，提供免费的无线网络连接，部分房客提供早餐；客房内还有小厨房；酒店内还有酒吧和各种俱乐部。

- 地址：2 Roslyn Street-Sydney, Sydney
- 网址：www.staywellgroup.com
- 电话：02-83540956

悉尼康乐中心酒店

悉尼康乐中心酒店（Leisure Inn Sydney Central）距离理工大学和唐人街有5分钟步行路程，距离达令港、维多利亚女王大厦和皮特街购物商场均有不到20分钟的步行路程。酒店提供带液晶有线电视的现代化客房，所有客房均禁止吸烟，并配备有带花洒淋浴的浴室以及有无线网络连接的大型办公区；部分客房设有私人双层玻璃。

- 地址：28-30 Regent Street,Sydney
- 网址：www.leisureinnsydneycentral.com.au
- 电话：02-80233333

悉尼其他住宿推荐

中文名称	英文名称	地址	网址	电话
库珀洛奇酒店	Cooper Lodge Hotel	20 City Road, Chippendale,Sydney	www.cooperlodge.com.au	02-92818895
悉尼海港青年旅舍	Sydney Harbour YHA	110 Cumberland Street,The Rocks, Sydney	www.yha.com.au	02-82720900
悉尼海滩青年旅社	Sydney Beachouse YHA	4 Collaroy Street, Collaroy ,Sydney	www.yha.com.au	02-99811177

给孩子买什么

悉尼是在澳大利亚购物必去的地方，这里商店内的衣服、化妆品、饰品以及小商品等应有尽有。游客可以在悉尼大商场内挑选漂亮的鞋子、可爱的饰品和自己喜欢的化妆品等。但对于带孩子的游客来说，给孩子买些东西是必不可少的。你可以寻找那些卖潮流衣服的店，还可以给孩子买一些喜爱的玩具，用以俘获他们的心，这样足够吸引他们的注意力。

在悉尼买给孩子的礼物	
特色商品	介绍
回力标、玩具	在悉尼特色精品店内有很多精致的玩具，最有手工艺特色的就是回力标，可以买给小朋友，并告诉他们回力标的来历和相关的知识
点心	澳大利亚的点心样式非常好看，有的做成便当形状，有的做成鸡蛋形状，有的做成动物形状，可爱而新奇
巧克力	澳大利亚的巧克力口味不是特别甜，但是口感非常细腻，因而千万不要忘了带孩子去巧克力工厂逛逛
毛绒玩具	在悉尼水族馆、动物园旁边有很多考拉、企鹅、袋鼠等小玩偶，非常漂亮精致

不可错过的购物地

悉尼除了拥有迷人的海滩和著名的歌剧院之外，还是购物者的天堂。悉尼集各类购物市集、购物中心、百货商场和专卖店等于一体，游客在此可以买到琳琅满目的商品，如昂贵的热门名品和来自世界各地的廉价商品。在一些免税店、礼品店可以集中购买礼品，而在大型的购物中心可以买到大品牌的商品。另外，如果你想买一些具有特色且价格实惠的商品可以去一些集市选购。

带孩子来悉尼旅行的游客，还可以在各大商场、品牌店、免税店、礼品店等给孩子买一些潮流的服装、玩具、特色小礼物等。如果是小男孩的话，就买一些回力标、汽车模型等，如果是小女孩就买一些考拉、袋鼠等造型的毛绒玩具，相信一定能俘获孩子的芳心。

牛津街

牛津街（Oxford Street）是淘货们必去的购物地之一，被誉为悉尼最“别具风格”的街道。它拥有精美别致的小店，出售包括名牌时装、前卫设计、二手服饰、手工艺品、古董等商品。

- 地址：Oxford St., Sydney
- 开放时间：周六9:00～16:00

维多利亚女王大厦

维多利亚女王大厦（Queen Victoria Building）拥有200多间时装店、珠宝店、特色商店及咖啡厅，内部从古董、手工艺品、纪念品、各式时装、珠宝到药品、食品，应有尽有。精致的拱门、华丽的穹顶、七彩的玻璃，以及层次分明的地板，使顾客在这座富有浓郁古典风格的大楼中购物，别有一番体验。

- 地址：455 George Street,Sydney
- 电话：02-92656800
- 开放时间：周一至周六9:00～18:00，周日11:00～17:00

悉尼其他购物地推荐

名称	特色	地址	电话	开放时间
港口购物中心	拥有100多家零售商店，出售服装、首饰、花卉、皮具、澳大利亚土特产、艺术品、手工艺品等	Darling Harbour,Sydney CBD	02-89865339	10:00～21:00
海岸百货	拥有许多时装店、皮具店和精品店，还有独特的咖啡厅和餐厅	193/195 Pitt Street,Sydney	02-92324199	9:00～18:00
DFS免税店	拥有世界及澳大利亚闻名的品牌商品，以及琳琅满目的澳大利亚纪念品和当地艺术品	155 George Street,The Rocks, Sydney	02-82438686	11:30～19:00
岩石区假日集市	拥有手工艺品、饰品、珠宝、陶瓷器、木雕、香水、玩具等	George Street, The Rocks, Sydney	02-92408717	周六、周日 10:00～17:00
帕丁顿集市	拥有手工印染T恤衫、首饰、古董、小物件、香薰制品等	395 Oxford Street,Paddington, Sydney	02-93312923	周六 9:00～16:00

在悉尼的出行

悉尼市内由城市铁路、城市轻轨、公交车、出租车、轮渡和观光巴士等交通工具构成的交通网纵横交错，四通八达，方便快捷。对于带孩子的游客来说，无论乘坐哪种交通方式出行，都是非常简单方便的。但是过于发达的交通常常令初到悉尼的游客感到复杂，建议父母在出行前就对悉尼主要的交通线路做一些了解，然后根据沿线的地点规划行程。

城市铁路

悉尼城市铁路网非常庞大，它与中国国内的北京等大城市的地铁类似，但它运行线路不局限于城市内部，而是以悉尼为中心的一大片区域。城市铁路共有11条郊区线、4条城际线及1条区域线，覆盖了悉尼整个城市和郊区城镇。城市铁路与悉尼的火车线路相通，所以从相连的线路来说，它又包括悉尼的火车。城市铁路大多数时候都在地上行驶，只有在悉尼市中心和机场才转为地下行驶。在悉尼的中央火车站，游客既可以坐郊区线和城际线到悉尼的各个地区，也可以方便地换乘真正的长途火车。

在悉尼出行，可选择购买一张悉尼My Multi通票，这种票适用于城市铁路、公交车、轮渡及轻轨。My Multi通票分日票和周票，其中周票价格较实惠，但需要根据所前往地区距离悉尼市中心的远近进行选择，有My Multi1（离市中心10千米的交通距离）、My Multi2（悉尼郊区及附近）、My Multi3（整个城市铁路区域）等几种选择。

你可从STA办事处、火车站、Bus Transit Shop，以及Sydney Ferry位于环形码头和曼利码头的办事处，还有机场特快巴士和Explore公共汽车的司机处购买通票。通票日票价格为24澳元；周票My Multi1为48澳元、My Multi2为56澳元、My Multi3为65澳元。

城市轻轨

悉尼的城市轻轨（Metro Light Rail）分两个区域运营，主要穿行在中央火车站和西区Dulwich Hiil之间，途经唐人街和达令港等地。所有的站点都是上车买票。

城市轻轨信息	
名称	信息
价格	成人票单程一个街区3.8澳元，跨乘二个街区单程票价6.4澳元
运行时间	周日至下周四 6:00～23:00，周五、周六 6:00～24:00
发车间隔	平均10～15分钟一班车
网址	www.transport.nsw.gov.au/lightrail

公交车

悉尼的公交车遍布市区和市郊，分国有和私有两种。国有的公交车运行结束的时间相对较晚，班次和路线也较多；而私有的公交车首末班车时段较短，班次和路线较少。乘坐国有公交车可以上车买票，也可以刷卡，建议购买10次优惠卡；而乘坐私有公交车，只能从司机那里买原价的车票。公交车不是每一站都停，如果需要在下一站下车，则需要提前按一下扶杆上的红色按铃，否则司机到站是不会停车的。想要了解更多的公交车详情，可以参考网站www.sydneybuses.info/routes信息。

轮渡

悉尼所有的轮渡都从环形码头出发，环形码头共有4个停靠码头，可到达达令港、曼利海滩和北悉尼地。

轮渡票按距离可分为两种，第一种（0～9千米）成人单程票5.8澳元，第二种（9千米以上）成人单程票7.2澳元，轮渡票可以在码头的售票窗口或是售票机上购买。

悉尼轮渡信息		
名称	线路	单程票价
2号码头	前往塔隆加动物园	5.3澳元
3号码头	普通渡轮前往曼利	6.6澳元
4号码头	前往北悉尼为主	5.3澳元
5号码头	前往达令港	5.3澳元

观光巴士

悉尼市内观光巴士极为便利，Sydney Explorer便是其中一种。乘坐这种巴士可以参观市内各大景点，而且其价格也是十分实惠。游客只要购买一张车票，就可以无限次的搭乘，并且可以在任意站点上下车。这种巴士每天8:30从环形码头首发，每隔15～20分钟一班，围绕悉尼转一圈的时间约为1小时40分钟，末班车的时间是17:20。想要了解更多的详情与车票预订信息，可以参考网站www.citysightseeing.com。

出租车

悉尼的出租车只能在指定的搭乘处乘坐，起步价3.5澳元，之后每千米是2.14澳元，等候时间是每分钟92.1澳分。如果是22:00至次日的6:00乘坐，要加收20%的费用，同时过路费、过桥费等都需要乘客自己支付。如要司机帮忙搬运行李，需额外加付小费。

悉尼有4家主要的出租车公司，都可以用电话预约。

出租车公司信息			
名称	地址	电话	网址
Sydney Cove Water Taxis	Harbour Master Steps, Sydney	414-708020	www.watertaxisydney.com.au
Premier	33 Woodville Rd., Gramville,Sydney	02-131017	www.premierms.com.au
Silver Service	13 Wirruna St.,Sydney	401-979924	www.silverservice.com.au
Taxi Combined	9-13 O'iordan Street, Alexcvndria,Sydney	02-81972888	www.watertaxis.com.au

悉尼的所有车辆都是靠左行驶的，因此在过马路的时候，一定要先看右边，再看左边；千万不要按照“左顾右盼”的方式过马路，这样非常危险。

如何在悉尼跟团游

带孩子出行的游客一般都会选择跟团游，如果已经在国内的组团社报了团，就应当知道悉尼当地的地接社是否有接机服务、到了目的地的机场应当联系谁、是否需要游客自己搭车到地接社、怎样能直接到达等一系列问题，这样到达了目的地才不会慌乱无措。如果没有在国内报团，就需要到了悉尼之后在当地报团，悉尼有很多华裔开的旅行社，这些旅行社既能作为地接社接团，又能作为组团社建团，游客在选择时一定要对比三家，寻找方便、可靠的旅行团出行。

在悉尼怎样报团

报团涉及在国内报与到了悉尼报这两种主要方式。在本书Part1的出行方式里面，已经介绍了在国内报团的方式和注意事项，可参考P090。这里详细介绍了在悉尼如何报旅行团，在报团时应当先了解可靠旅行团或选择值得信赖的旅行团。

● 悉尼的组团社

悉尼知名的组团社很多，尤其集中在悉尼的唐人街一带。初来乍到，不要着急前往，应先到酒店休息片刻，待适应后再前往了解。建议父母不要盲目地报团，人在国外，应当货比三家，选择最值得信赖的组团社报团游玩。如果带孩子前往，小孩比较没耐心，不妨先带他们到四处逛逛，激发他们的兴趣。下面介绍的组团社，可以用中文与其工作人员沟通，非常方便。下面资讯中的电话，建议到了悉尼之后再拨打，若是用自带手机拨打会有漫游费用，收取的费用很高。

悉尼知名的华人旅行社

中文名称	英文名称	网址	电话	地址
宏成旅游	Grandcity Trarel	www.grandcitytours.com	02-92118218	781-783 George St., Sydney
星辉旅游	NCT Tours	www.ncttours.com.au	02-92121199	Sussex Street, Sydney
长城旅行社	The Great Wall travel agency	www.greatwalltravel.com.au	02-92678909	Level 1, 650 George Street, Sydney

报组团社的步骤

上面这些组团社都提供中文服务，所以游客到了澳大利亚不必担心语言障碍等问题。接下来就是要签订旅游合同、看旅游行程、确定旅游行程中所含的内容，有不明白的一定要问清楚。

1.首先要到组团社选择好自己的旅游线路。

2.签订合同时，一定要看清楚合同内容。

3.保险有很多种，问清楚组团社给你买的是哪些保险，如果没有保险单必须要在合同上写清楚。

4.确认出发时间和地点。

5.留下自己的电话和组团社的电话，必须保持畅通，最好多留几个电话，并要求组团社有提前通知出团时间。

6.出发的时候可以在网上搜索一下所去目的地的注意事项、民俗民情、地理风貌等。

悉尼知名的地接社

对于带孩子境外游的游客来说，初到一个陌生的城市，肯定有很多的不适。如果在境内报团，在当地有直接的接待社对于父母来说是很有必要的。这样既节省了时间又非常方便。下面简单介绍一家悉尼当地的地接社，供前往悉尼的游客参考。

悉尼知名地接社推荐				
中文名称	英文名称	网址	电话	地址
澳大利亚中国旅行社	China Travel (Australia)	www.chinatravel.com.au	02-93720000	Suite3-7,650 George Street, Sydney

延伸游览

悉尼及周边
自驾游

悉尼及周边自驾路线

在悉尼城市里玩一圈下来，很多有余力的父母都想带着孩子到周边转转。此时，自驾是不错的交通方式，带着孩子到曼利海滩度假，再到库灵盖狩猎地国家公园漫步、骑马，孩子还有机会好好玩水。最后到猎人谷，让孩子亲近自然，品尝美味的葡萄酒，孩子还可以体验亲手采摘葡萄的乐趣。这里提供了一个自驾游的地图仅供参考，油价成本以大众高尔夫1.4L自动挡或同等车型全新车辆为例，耗油量约5.7升/100千米。

悉尼及周边自驾路线示意图

猎人谷 Hunter
辛格尔顿 Singleton
格里塔 Greta
梅特兰 Maitland
邓戈格 Dungog
雷蒙德特雷斯 Raymond Terrace
塞斯诺克 Cessnock
纽卡斯尔 Newcastle
多伦多 Toronto
Yengo National Park
Olney State Forest
中央海岸 Central Coast
Parr State Recreation Area
库灵盖狩猎地国家公园 Ku-Ring-Gai Chase National Park
戈斯福德 Gosford WoyWoy Umina Beach
里齐蒙得 Richmond
露斯山 Rouse Hill
圣玛丽斯 ST Marys
曼利海滩 Manly Beach
悉尼市中心 Sydeny
B84
M15
A1
M1

两地约226.7千米，耗油约16.23澳元，用时约2小时19分钟

两地约31.2千米，耗油约1.53澳元，用时约39分钟

两地约15.1千米，耗油约0.1澳元，用时约30分钟

悉尼自驾体验

在悉尼自驾，不论是市区还是郊外，不论是高速公路还是一般公路，标志线不仅极其明显，而且齐全、温馨，极富人性化。悉尼的道路标志非常多，不仅体现在标志的数量上，而且每个标志上都标有详细的文字，如“现在开始减速”“方向错了，掉头”“前面有隐藏路口，请注意”等，停车标志也很清楚，标有“该处几点至几点可以停车”“几点至几点停车收费”等。而在公路上，差不多每2千米就有门式标志，并装有电子显示屏，随时播报路况信息，不用问路，按着标志指示的方向，就能顺利到达目的地，使人感到十分方便。在各个路口都有标志标明行车速度，在弯道、坡道均有醒目的标志作提示，在学校和有行人出现的路口，有颜色鲜艳的指示牌；甚至有袋鼠、考拉出现路段也有醒目的标志，提醒司机注意。

悉尼省钱大比拼

对孩子优惠的景点			
景点名称	孩子玩点	优惠信息	地址
岩石区	骑家庭自行车兜风、乘船出海观鲸	免费	110 George Street,Sydney
达令港	喷泉、海滩	免费	悉尼市中心的西北部，距中央火车站2千米并和唐人街相连
玫瑰湾	游乐场、街头表演	免费	Rose Bay, Sydney
牛津街	淘宝	免费	Oxford Street,Sydney
曼利海滩	游泳、踏浪、做游戏	免费	Manly Wharf Forecourt
植物学湾	潜水、观鲸	小汽车7澳元，行人和骑自行车者免费	班克斯角与索兰德角之间
邦迪海滩	冲浪、沙滩积木	免费	Queen Elizabeth Drive,Sydney

续表

景点名称	孩子玩点	优惠信息	地址
皇家植物园	赏花、学植物知识	免费，热带中心5.5澳元	Mrs Macquaries St.,Sydney
海德公园	雕像、喷泉、草坪	免费	Elizabeth Street,Sydney
悉尼大学	感受书香氛围	免费	City Rd., Darlington, Sydney
澳大利亚博物馆	科普、表演	成人15澳元，家庭30澳元	1 William Street,Sydney
新南威尔士州美术馆	艺术展览、音乐会、画展DIY	免费	Art Gallery Road,Sydney
澳大利亚国家海事博物馆	船只模型	免费，特殊展览成人10澳元、儿童6澳元、家庭20澳元	2 Murray Street,Darling Harbour,Sydney
悉尼水族馆	与各类海洋动物亲密接触	成人40澳元，网上预订28澳元；儿童28澳元，网上预订19.6澳元	1–5 Wheat Road,Sydney
塔龙加动物园	各类主题馆、动物表演	成人54澳元，4～15岁儿童27澳元，家庭票92澳元（一名成人两名儿童）	Bradleys Head Rd., Mosman, Sydney
中国友谊花园	湖泊、草坪、白花	成人6澳元，儿童3澳元，家庭15澳元	Pier St.,Sydney
百年纪念公园	骑车、骑马、喂黑天鹅	免费	Grand Drive,Centennial Park,Sydney
蓝山国家公园	热带雨林、观光小火车	免费	Govetts Leap Rd., Blackheath, Sydney
悉尼野生动物园	各类展馆、各种探险	现场购票成人40澳元，儿童28澳元；网上购票成人28澳元，儿童19澳元	1–5 Wheat Rd., Darling Harbour,Sydney
考拉公园保护区	抱考拉	成人19澳元，儿童9澳元	84 Castle Hill Road, West Pennant Hills
库灵盖狩猎地国家公园	徒步、骑马、野餐	免费	Bobbin Head Road, NSW

带孩子游澳大利亚

PART3

带孩子游堪培拉

137 > 157

堪培拉作为澳大利亚的首都，不同于悉尼的时尚与墨尔本的浪漫，这里拥有别具一格的美景。带孩子在这所花园城市游玩，可以拥抱阿尔卑斯山脉，在树木苍翠、鲜花四季的牧场奔跑；可以在清澈辽阔的莫伦格鲁河上泛舟漂流；可以在植物园、动物园、水族馆和小人国乐翻天……走吧！带孩子去堪培拉，去倾慕它的明媚宽旷，沉醉它的精致优雅。当晨光降临，带着孩子一起拥抱堪培拉吧！

带孩子怎么去

从中国直达堪培拉的航班

带着孩子出行，能够乘坐自己所在城市到目的城市的直达航班是所有父母的愿望。目前没有飞机从中国直达澳大利亚堪培拉，为了节省时间，可以选择从中国北京、上海、广州和香港等地乘坐直达悉尼、墨尔本、布里斯班的航班，然后转机至堪培拉。下表列举了一些中转航班，父母可根据需求选择。

中国到堪培拉的中转航班资讯							
承运公司	航班号	线路	中转城市	停留时间	转乘航班	起飞时间	到达时间
澳大利亚航空	QF130	上海（浦东机场）→悉尼→堪培拉	悉尼	2小时15分钟	澳大利亚航空QF1419	20:05	次日12:55
东方航空	MU739	上海（浦东机场）→墨尔本→堪培拉	墨尔本	1小时40分钟	澳大利亚航空QF818	00:20	次日16:25
中国国航	CA173	北京→悉尼→堪培拉	悉尼	3小时5分钟	澳大利亚维珍航空VA668	00:50	次日19:35
南方航空	CZ325	广州→悉尼→堪培拉	悉尼	2小时10分钟	澳大利亚维珍航空VA642	21:00	次日12:35
澳大利亚航空	QF128	香港→悉尼→堪培拉	悉尼	2小时	澳大利亚航空 QF1471	19:50	次日10:50
国泰航空	CX157	香港→布里斯班→堪培拉	布里斯班	5小时55分钟	澳大利亚航空 QF1543	12:35	次日8:00

从机场到堪培拉市

堪培拉国际机场位于堪培拉东部，是一座服务于堪培拉和昆比恩的机场。从中国到达堪培拉需要从悉尼、墨尔本、布里斯班等地中转。该机场现在提供的是澳大利亚国内航空服务，多数都是往返澳大利亚东部的航班。

从堪培拉国际机场出发

从堪培拉国际机场到市区可以乘机场巴士、市区专线和出租车等交通工具到达。

- 地址：堪培拉市区以东7千米
- 网址：www.canberraairport.com.au

堪培拉国际机场至堪培拉市的交通			
交通方式	英文	介绍	时间及票价
机场巴士	Airport shuttle bus	在城市中心地区的中转站、饭店、城市背包客住宿地、皇冠广场等地停靠	单程约25分钟，票价为7澳元
市区专线	Airliner Shuttle	机场直达堪培拉市区的公共交通工具，周一至周五24小时运营，票价便宜，方便舒适	单程仅15分钟 票价为12澳元
出租车	Taxi	从机场到市区有很多出租车往来，非常方便	10分钟左右，15～20澳元左右

亲子行程百搭

市内百搭

堪培拉市内百搭路线示意图
堪培拉小人国
Cockington Green Gardens
国家恐龙博物馆
National Dinosaur Museum
米切尔
Mitchell
布鲁斯
Bruce
Mr Majura Nature Reserve
澳大利亚国家植物园
Australia National Botanic Gardens
坎贝尔
Campbell
澳大利亚国家科技中心
Questacon-The National Science & Technology Center
国家动物园和水族馆
National Zoo & Aquarium
迪金
Deakin
Uriarra State Forest
菲什威克
Fyshwick
澳大利亚国家博物馆
National Museum of Australia
昆比恩
Queanbeyan
Bullen Range Nature Reserve
特宾比拉自然保护区
Tidbinbilla Nature Reserve
A25
A23
B52
B23
5

亲子自驾之旅
乘坐81、981路公交车可到/自驾车前往
❶ 澳大利亚国家植物园 2小时
Australia National Botanic Gardens
自驾车约10分钟车程
❷ 国家动物园和水族馆 2.5小时
National Zoo & Aquarium
自驾车约37分钟车程
❸ 特宾比拉自然保护区 2小时
Tidbinbilla Nature Reserve
文化之旅
乘2、3、94、934、935等路公交车可到/自驾车前往
❶ 澳大利亚国家科技中心 2小时
Questacon–The National Science & Technology Center
出来后乘坐3路公交车约30分钟即可到达
❷ 澳大利亚国家博物馆 National Museum of Australia 1.5小时
乘坐7路公交车在Marcus Clarke St before Rimmer St站下转乘314路Westfield Bus Stn站下，转乘52路O'Hanlon Pl after Gold Creek Rd站下车步行300米即到，全程约1小时4分钟
❸ 国家恐龙博物馆 National Dinosaur Museum 2小时
出来后步行约10分钟路程即到
❹ 堪培拉小人国 2小时
Cockington Green Gardens

周边百搭

沿途风光之旅

乘2、3、80等路公交车可到或驾车前往

❶ 澳大利亚国家美术馆 2小时

National Gallery of Australia

向西南方向，前往King Edward Terrace，向右转，进入King Edward Terrace后驶入Yarralumla的Commonwealth Ave/A23，走Parkes Way 号出口驶入North West Rural Canberra的Bindubi St.即到

❷ 堪培拉自然公园 2小时

Canberra Nature Park

沿Bindubi St.向南550米处向右转进入William Hovell Dr.，向左转，进入Coppins Crossing Rd.（Coppins Crossing Road的路标）向右转靠右走即到

❸ 莫隆格勒自然保护区 3小时

Lower Molonglo Nature Reserve

1 伯利格里芬湖：观赏壮观的湖中喷泉
2 澳大利亚国家植物园：观赏植物
3 澳大利亚国家博物馆：了解历史
4 国家恐龙博物馆：看各种恐龙化石
5 堪培拉小人国：寻找唯美童话

伯利格里芬湖

伯利格里芬湖（Lake Burley Griffin）因著名建筑师沃尔特·伯利·格里芬而得名。它位于堪培拉市中心，是一座美丽的人工湖。在风景秀丽的湖边聚集了堪培拉众多著名景点，湖中的喷泉四射而出的水珠在阳光的照耀下，闪烁着一道道彩虹，极为壮观。湖区辽阔，碧波荡漾，景色十分美丽，可供人们驾驶帆船和垂钓，是带孩子来观光游玩的好地方。

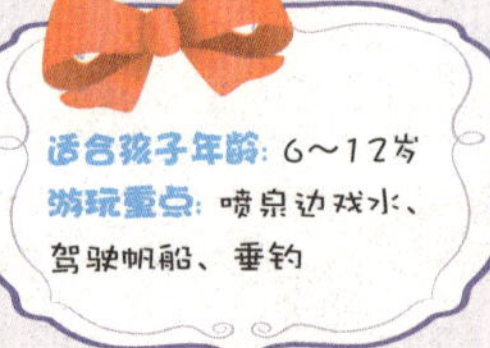

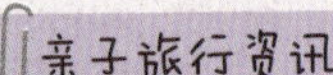

堪培拉市中心

乘34路公交车可到

澳大利亚国家植物园

澳大利亚国家植物园（Australia National Botanic Gardens）位于堪培拉黑山山脚下，内部有一大片郁郁葱葱的植物，是澳大利亚最大的原生物种种植库，也是澳大利亚重要的植物学研究资源之一。植物园内有6200余种澳大利亚特色植物，包括有澳大利亚的国花——金合欢，以及桉树、澳大利亚蒲葵等，还有一些奇花异草。植物园内还设有游乐场，非常适合小孩子游玩。

适合孩子年龄：6～12岁
游玩重点：赏花、学习植物知识、游乐场

亲子旅行资讯

- Clunies Ross St., Acton,Canberra
- 乘坐81、981路公交车可到
- www.anbg.gov.au
- 2～12月8:30～17:00；1月周一至周五8:30～18:00，周六、日8:30～20:00
- 02-62509588

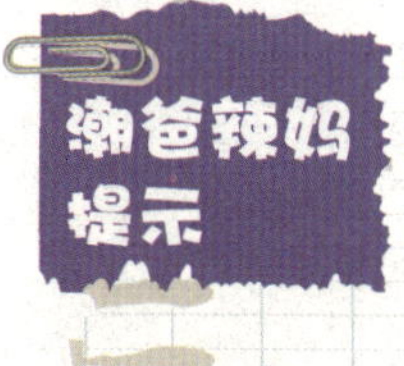

植物园内的游乐场很像个主题公园，有很多家长带着孩子来爬“橡子”小屋，不过要注意孩子的安全。此外，这里的游客中心还有书店，可以在里面看看书、画画，或静观树影婆娑和百花争艳。

澳大利亚国家博物馆

澳大利亚国家博物馆（National Museum of Australia）是了解澳大利亚历史的最好去处。这座博物馆就是一部澳大利亚的简要历史书，其通过很多新颖独特的方式，如创意、幽默、辩论等来展示澳大利亚这个国家。此外，这座博物馆本身就是一座很有创意的建筑，其建筑外观和室内设计都会让你眼前一亮。参观这座博物馆，有一个部分千万不要错过了，那就是小型旋转放映厅里放映的电影，其介绍了一系列见证澳大利亚历史的展品，绝对是一场视觉上的盛宴。

亲子旅行资讯

- Lawson Crescent, Acton,Canberra
- 乘坐7路公交车在Lvy Café 附近下车步行可达；周末和公共假日会有免费的公交车到达这里，免费的公交车从Civic公交枢纽的7站台10:30出发
- www.nma.gov.au
- 9:00～17:00
- 02-62085000

澳大利亚国家美术馆

适合孩子年龄：10～12岁
游玩重点：观看艺术品、学习绘画

澳大利亚国家美术馆（National Gallery of Australia）是一个大型展览馆，收藏有超过10万件展品，既有澳大利亚人从殖民时代到现在的艺术品，也有原住民文化的展品，还展示有亚洲及其他国家的艺术品。这里还有一个印度次大陆展厅，收藏着许多精美的艺术品，是印度本土以外藏品数量最多的地方。在美术馆外还有一个非常具有艺术气息的雕塑花园，内部有大量的绘画、摄影、家具、陶器、纺织品和银器等。

亲子旅行资讯

Parkes Pl., Parkes,Canberra
乘2、3、80等路公交车可到
www.nga.gov.au
固定展览免费
10:00～17:00
02-62406411

潮爸辣妈提示

美术馆和博物馆相对来说都具有深层含义，小孩肯定不会喜欢来这里，他们在这里找不到乐趣，那么这就要看爸妈的教育和引导了。在这些具有历史和艺术气息的馆场内，孩子是可以学到不少知识的。

国家恐龙博物馆

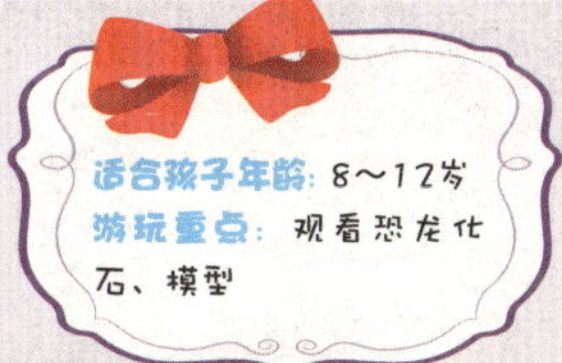

适合孩子年龄：8～12岁
游玩重点：观看恐龙化石、模型

国家恐龙博物馆（National Dinosaur Museum）成立于1993年，坐落在堪培拉郊外的一个小镇里，现在已经成为澳大利亚首都特区最知名的旅游景点之一。博物馆中有非常多的史前动植物标本化石，其中最多的是恐龙化石，如异龙、角龙、雷龙、阿特拉斯科普柯龙、重爪龙、尖角龙、秀颌龙、恐爪龙等，吸引了众多的恐龙爱好者前来。

亲子旅行资讯

Barton Hwy,Nicholls,Canberra
www.nationaldinosaurmuseum.com.au
成人16澳元，儿童9.9澳元，家庭45澳元
02-62302655

堪培拉小人国

堪培拉小人国（Cockington Green Gardens）是堪培拉的一个私家园林，它的主人是英国著名的园艺大师，长久居住在澳大利亚的他因思念家乡，而把英国人文建筑以一定的比例缩小制作出来，展现在游人眼前，到了后期，还不断加入新展品，最后独立开了一个国际展览区，将世界著名建筑也缩小了，形成现在的小人国。来到小人国，不管是孩子还是大人，都会陷入唯美的童话世界难以自拔。

适合孩子年龄：8～12岁
游玩重点：观看模型、玩游戏

亲子旅行资讯

11 Gold Creek Rd., Nicholls,Canberra
乘坐51、52、951、952路公交车可达
cockingtongreen.com.au
9:30～17:00（圣诞节及节礼日闭园）
02-62302273

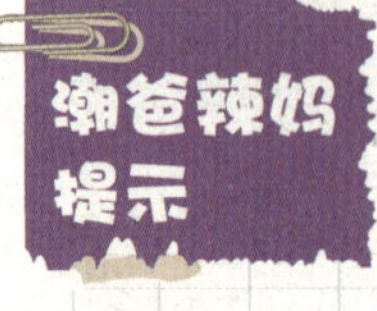

潮爸辣妈提示

最好避免双休日、黄金周等高峰时间前往，此时老人和小孩特别多。这里袖珍的小人、微缩的建筑都很精致逼真。带孩子一定要记得坐火车在村子里绕上一圈，感觉会超棒的。

堪培拉其他景点推荐			
中文名称	英文名称	地址	网址
国会大厦	Parliament House	Parliament Drive, Canberra	www.aph.gov.au
战争纪念馆	Australian War Memorial	Treloar Crescent, Campbell, Canberra	www.awm.gov.au
纪念库克船长喷泉	Captain Cook Memorial Jet	Lake Burley Griffin, Regatta Pl.,Parkes,Canberra	—
澳大利亚皇家铸币厂	Royal Australian Mint	Denison Street, Deakin, Canberra	www.ramint.gov.au
澳大利亚国立大学	The Australian National University	Level 3, Innovations Building, Eggleston Road, Acton, Canberra	www.env.edu.au
堪培拉联邦公园	Commonwealth Park	Albert St.,Canberra	www.nationalcapital.gov.au
黑山澳洲电讯塔	Black Mountain Telstra Tower	100 Black Mountain Drive, Acton , Canberra	www.telstratower.com.au
堪培拉首都展览馆	National Capital Exhibition	Barrine Drive, Parkes, Canberra	our.nationalcapital.gov.au
国家肖像美术馆	National Portrait Gallery	King Edward Terrace, Parkes, Canberra	www.portrait.gov.au
堪培拉博物馆和美术馆	Canberra Museum and Gallery	176 London Circuit,Canberra	www.cmag.com.au
巴特曼斯贝	Batemans Bay	Eurobodalla Nature Coast, Canberra	—
纳玛吉国家公园	Namadgi National Park	NaasRoad,Canberra	—

跟孩子吃什么

带孩子来到堪培拉这座美食乐园前，你的脑海中一定会有很多想要在这座城市品尝的美食。无论是当地的特色海鲜，还是独具风味的路边小摊，在堪培拉，每一样美食都会让你垂涎三尺。如果想念家乡的味道，便可到中餐厅，回味家乡的味道。此外，带孩子来到堪培拉，一定要带孩子品尝当地的特色美食，了解堪培拉的美食文化。

堪培拉的特色美食

堪培拉是澳大利亚美食汇聚地，来到堪培拉，你和孩子最想体验的一定是澳大利亚的传统海鲜美食，如鲔鱼、大虾、鲍鱼、生蚝、帝皇蟹、龙虾、彩虹鳟鱼等。这里还有很多不同的欧洲菜式，如英式菜、意大利菜等，以及很多亚洲菜式，如印度菜、中国菜、韩国菜等，来到堪培拉的第一天一定会让你和孩子好好享受一次美食之旅。

当然，带孩子来到堪培拉的游客不会错过的就是各种各样的堪培拉甜点，例如巧克力、糖果、布丁、冰激凌等，还有当地最美味的用纯牛奶制作的奶酪，看着它们精致的外表，让人很不忍心下口品尝。

堪培拉的特色美食	
特色美食	介绍
澳大利亚海鲜	海鲜举世闻名，在众多餐厅内均可以品尝到当地产的龙虾、生蚝、鲍鱼和帝皇蟹等，非常的新鲜味美，肉质也非常嫩。生蚝又肥又干净，价格还便宜，淋一点柠檬汁和一点盐就可直接生吃了，也可以用芝士烤或用培根肉切碎一起烤
肉馅饼	澳大利亚的肉馅饼是游客到澳大利亚必吃的食物，也是澳大利亚最有代表性的特色食品，外面的皮是酥皮的，肉馅最传统的是牛肉的，其他还有很多口味，比如鸡肉、猪肉、咖喱等，通常澳大利亚人都会配番茄酱吃
袋鼠肉	袋鼠肉的口感和牛肉有点相似，没有牛肉吃起来嫩，而且膻味很重。袋鼠肉在澳大利亚大部分州允许销售，并且一些肉店有鲜肉供应，一些餐馆有袋鼠肉的餐肴，价格和牛肉接近。袋鼠尾巴肉算是口感较好的部分
葡萄酒	澳大利亚葡萄酒之所以赢得了如此多的青睐，源于其特有的优良土壤，以及许多世界级杰出优秀的酿酒师。澳大利亚有很多葡萄酒和艺术品拍卖活动、葡萄酒桶比赛、鸡尾酒派对和烹饪课

续表

特色美食	介绍
BBQ	BBQ的食材主要有灌肠、牛排、羊排、鱼片、明虾等。这些东西预先在调料中浸润数小时，烤时还伴有洋葱爆香，食用时再佐以各种烧烤酱，再配些生菜、黄瓜、西红柿和各种水果、薯片相辅，真是人间美味
奶酪	在堪培拉，人们最爱的食物要属奶制品了，尤其是奶酪最受欢迎。人们几乎每天都会将奶酪夹杂在面包等食物里面一起品尝，奶酪特别的鲜滑可口，而且各种口味的都有

孩子最喜欢的餐厅

堪培拉绝对是美食天堂，你几乎能在这里找到世界各地的各式美食。如果你想吃澳大利亚本土的风味美食，那就尝试一下澳大利亚小龙虾、清蒸帝皇蟹、彩虹鳟鱼等；如果孩子不适合吃海鲜之类的食物，可以到中国风味餐厅寻找美食，一条街的风味餐厅，肯定会找到适合你需求的地方；如果你想品尝其他国家的美食，则可选择意大利面、比萨、咖喱鸡、咖喱米饭等。

新上海中国餐厅

新上海中国餐厅（New Shangai Restaurant）是堪培拉最受欢迎的中国餐厅之一，餐厅装饰朴素的同时又处处透露着雅致，并有温馨怡人的氛围。其招牌菜有脆辣牛肉、上海风味炒面、鱼翅、香浓鸡汤等。这里的开胃小菜、主菜和餐后甜点的完美搭配，令人回味无穷。此外，餐厅还提供周到的外卖服务。

■ 地址：2/35 Childers Street, Canberra

■ 电话：02-62628884

宝莱坞玛莎拉印度餐厅

宝莱坞玛莎拉印度餐厅（Bollywood Masala Restaurant）柔和的灯光和美妙的音乐营造了一种浪漫氛围，带着孩子来这里，小孩肯定会喜欢。餐厅的招牌菜有黄油咖喱鸡和咖喱羊肉，还有美味的烤蘑菇等。另外，店内的印度薄饼和甜点都是不容错过的美味。

■ 地址：Challis Street,Dickson, Canberra

■ 电话：02-62577333

■ 网址：www.bollywoodmasala.com.au

堪培拉其他餐厅推荐

名称	地址	电话	风味
Wild Duck	77–78/71 Giles St.,Icingston, Canberra	02-62327997	中餐
Courgette Restaurant	54 Marcus Clarke Street,Canberra	02-62474042	澳大利亚

和孩子住哪里

堪培拉作为澳大利亚首都及著名旅游城市，住宿地有很多选择。住宿地主要集中在罗斯曼大街，从高级酒店、度假村酒店、自助式公寓、青年旅舍等应有尽有。适合带孩子旅游的父母的住宿类型主要有家庭房酒店、家庭式公寓，但价格略高。

品尼克公寓式酒店

品尼克公寓式酒店（Pinnacle Apartments）距离堪培拉市中心2.8千米，其自助式客房配有一间设施齐全的厨房（内配备有炉灶、微波炉和洗碗机）、一个私人阳台和一个休息用餐区。酒店内设有一座室外游泳池、一间健身中心和烧烤设施，同时还提供免费停车场和免费无线网络连接。

■ 地址：11 Ovens St.,Kingston, Canberra
■ 网址：Pinnacleapartments.com.au
■ 电话：02-62399799

东方酒店及公寓

东方酒店及公寓（East Hotel and Apartments）距离堪培拉市中心7千米，距离澳大利亚国家美术馆仅有5分钟车程。酒店内设有餐厅、酒吧、健身中心和全天候提供服务的前台。所有客房都配有咖啡机的厨房，入住该酒店的客人可以在大堂休息区享用咖啡并阅读杂志，借此放松身心。

■ 地址：69 Canberra Avenue, Kingston, Canbrra
■ 网址：www.easthotel.com.au
■ 电话：02-62956925

堪培拉其他住宿推荐

中文名称	英文名称	地址	网址	电话
堪培拉雷克斯酒店	Canberra Rex Hotel	150 Northbourne Avenue Braddon, Canbrra	www.canberrarexhotel.com.au	02-62485311
迪克森品质酒店	Quality Ho-tel Dickson	Badcham Street Canberra	www.choicehotels.com.au	02-62474744
堪培拉阿利雅酒店	Aria Hotel Canberra	45 Dooring Street, Dickson,Canbrra	www.capitalhotelgroup.com.au	02-62797000
福雷斯特公寓酒店	Forrest Hotel & Apartm-ents	30 National Circuit Forrest, Canbrra	www.forresthotel.com	02-62034300

给孩子买什么

去堪培拉旅行，大多数人都不会把购物这项重要的事情给落下，那些购物中心、专卖店、折扣店或免税店等都吸引了众多游客。不过带着孩子的父母，出行购物就有些不太方便，如果是三岁以下的小孩子还可以，虽然父母会累一些，但他们很可能不吵不闹只会在父母的怀抱中好奇的观察发生在身边的一切；而再大些的孩子就不爱逛商场，多少会闹情绪，因为商场内几乎没有他们感兴趣的东西，但是如果先给孩子买点喜欢的玩具，收获他们的心，也便能安心愉快地购物了。

孩子们的购物乐园

在堪培拉，有个购物地能让父母和孩子一起愉快的享受购物的乐趣，那就是朗斯代尔街（Lonsdale Street）。带孩子到这里购物游玩一番，能用掉大半天的时间。这个购物街内有个手工艺品商店，在里面可以选到不同特色的工艺品，以及很多孩子们玩的玩偶，如木偶、毛线娃娃、木质的玩具、提线木偶等，还有一些好玩古怪的贺卡，这些都足以吸引孩子们的眼球，当他们认真的挑选玩具的时候，父母不妨趁机拍几张照片，留下孩子们最纯真的笑脸。这条街道两旁都是各色各样的精品店，父母根本不用担心孩子闹情绪，因为他们会玩得乐不思蜀。

不可错过的购物地

堪培拉有很多不可错过的购物地，从顶级的奢侈品店还是奇珍异宝店，到价格实惠的让人恨不得把所有物品都带回家的集市、百货商场，应有尽有。走在堪培拉的街上，绝对不会有空手而归的情况出现。和孩子在堪培拉购物，一定不会那么辛苦，因为这里的购物场所都有吸引孩子眼球的各式各样的精品玩具，给小男孩买一些动物模型、面具等，给小女孩买一些毛线娃娃，这样肯定会虏获他/她们的芳心，然后父母就可以随意购买自己心仪的物品了。

堪培拉购物中心

堪培拉购物中心（Canberra Centre）是堪培拉最大的购物中心，有各式各样的商店，出售许多由设计师设计的时装、丛林衣饰、珠宝、工艺品和手工制品。此外这里还有咖啡厅、餐馆、电影院、食品超市等店铺，内部随处可见顾客休息处，底层大厅还有轮椅和婴儿车出租。

■ 地址：148 Bunda St., Canberra
■ 电话：02-62475611
■ 网址：www.canberracentre.com.au

堪培拉奥特莱斯中心

堪培拉奥特莱斯中心（Canberra Outlet Centre）是汇聚了100多个澳大利亚当地和国际大牌的奥特莱斯店。购物中心内的当地品牌很便宜，有的商店折扣价低至3折，让人忍不住想血拼。

■ 地址：337 Canberra Ave., Fyshwick, Canberra
■ 电话：02-61126222
■ 网址：www.canberraoutletcentre.com.au

堪培拉其他购物地推荐

名称	简介	地址	电话	网址
堪培拉中心商场	出售手工制品以及毛绒玩具、木制玩具、乐器或澳大利亚主题的玩具	148 Bunda St., Canberra	02-62475611	www.canberracentre.com.au
卡帕甘柏伦工艺品中心	主要展示和出售澳大利亚工艺品	Naas Road, Tharwa, Canberra	—	—
格尔门屋集市	主要出售的商品有新鲜农产品、乡村艺术品、小饰品等	55 Ainslie Avenue, Braddon, Canberra	02-48422332	www.gormanhouse.com.au
大堂集市	集中展示和出售的商品有各种艺术品、工艺品与家庭制品	Hall Showground,Canberra	02-62815043	www.contact.com.au
宾根多尔	出售古董、皮具，以及用澳大利亚木材制造的优质产品	22 Malbon St., Bungendore	02-62381682	www.bungendorewoodworks.com.au

在堪培拉的出行

堪培拉没有城铁和轻轨，市内由公交车、巴士和出租车等交通系统构成。堪培拉道路系统虽比较迂回，但道路宽敞，交通拥堵现象很少。由于堪培拉市内游览地区相距比较远，乘坐旅游巴士固然很好，但是对于带孩子来游览的游客来说，出租车是最好的选择，既方便又快捷，且在市内各地和郊外的购物中心四周都有出租车乘坐站。

公交车

堪培拉的主要公交车网络是ACT Internal Omnibus Network（简称ACTION），它有4个中转站，分别是Belconnon、Woden、Tuggeranong以及中心车站。乘客可以到报刊亭索取免费的公交线路图和时间表。在公交车上可以买单程车票（4.7澳元），也可以买日票（9澳元），而购买日票更为划算和方便。公交车日票可以在车上购买，也可以在报刊亭预订。

出租车

堪培拉的出租车一般不在街头随意停靠，游客需在出租车等候点乘坐，还可以电话预约，预约费65澳分。出租车的起步价3.2澳元，6:00～21:00是1.193澳元/千米，21:00至次日6:00和周末是1.372澳元/千米。

观光巴士

在堪培拉市中心有观光巴士（Canberra Explorer Bus）往来堪培拉的各大小镇，需15～20分钟。观光巴士主要是来往于主要观光区，持有全日观光票券者，可不限次数搭乘。费用一般是成人18澳元，儿童8澳元。

自行车

自行车骑行是一种简单、环保、健康的旅行方式，其有助于减少城市的交通压力，减少能源的消耗和污染，同时骑自行车旅行更自由、方便。

自行车租借信息			
名称	电话	网址	价格
Mr Spokes Bike Hire	02-62571188	www.mrspokes.com.au	15澳元/小时，25澳元/半天，35澳元/天
Rowns Ride	02-0410547838	—	39澳元/天，95澳元/周

如何在堪培拉跟团游

堪培拉的景点丰富，如果想要不费什么工夫游览，或者是比较有效率地游览，可以选择跟团游。除了在国内报团，也可以在堪培拉选择口碑比较好的旅行社，如澳游美途等。

在堪培拉怎样报团

报团涉及在国内报团和到了堪培拉后再报这2种方式。在本书Part1的出行方式里面，已经介绍了在国内报团的方式和注意事项，请参考P090。这里详细介绍在堪培拉如何报旅行社。报团前先了解当地有哪些可靠旅行社供选择。

● 堪培拉的旅行社

堪培拉知名的旅行社并没有悉尼、墨尔本这些大城市多，建议父母前往堪培拉时多做些行前准备和攻略。堪培拉的大部分著名景点都设在市区，距离很近，即使是英语不好也不用担心，看着路标和特色标志就能找到。下面介绍下堪培拉当地比较知名的华人旅行社，这些地方可以用中文和其工作人员沟通，非常方便。

首都旅行社

首都旅行社（ACT World Travel）位于澳大利亚堪培拉Dickson区的唐人街，是堪培拉市唯一一个由华人创立及经营的旅行社，特别擅长亚洲各国与澳大利亚及周边旅游，一向以服务好、效率高和收费合理为宗旨，深受客户的欢迎。

■ 地址：8/5 Badham St., Dickson,Canberra
■ 电话：02-62628388 ■ 网址：www.acttravel.com.au

堪培拉知名的地接社

下面简单介绍下堪培拉当地的地接社，供前往堪培拉的游客参考。

澳游美途

澳游美途已有20年的历史，是比较专业的澳大利亚地接社。不论是旅游还是留学，不论是展览还是考察，都可以选择相信他们。澳游美途的地接社有一条从中国国内出发的新路线，从北京参团。到达澳大利亚后，就可开始澳大利亚的旅行路线了。艾尔斯岩、黄金海岸、霍巴特、墨尔本、帕斯、悉尼等都有特定的团队，酒店会有很多，都是他们为你精心挑选的，你可以根据他们提供的酒店，选择自己中意的。其详细资讯可以登录官网查询www.aumeitu.com。

延伸游览

堪培拉及周边自驾游

堪培拉及周边自驾路线

澳大利亚是一个非常适合自驾游的地方，堪培拉也是，单看周边丰富的自然景观，那优美的风景不会辜负你们的旅程。你可以从堪培拉开始，先到堪培拉自然公园看看，然后到Coorooyarroo自然保护区，经过科文松林与Cuumbuen自然保护区，最后到达Molonglo峡谷的休闲区。这条路线建议游玩2天，比较轻松，也可以照顾到孩子。

堪培拉自然公园
Canberra Nature Park
Goorooyarroo
自然保护区
Goorooyarroo
Nature Reserve
两地约29.9千米，
耗油约2.1澳元，
用时约26分钟
两地约27千米，
耗油约1.89澳元，
用时约26分钟
科文松林
Kowen Pine
Forest
两地约1.3千米，
耗油约0.08澳元，
用时约4分钟
Molonglo峡谷休闲区
Molonglo Gorge
Recreation Reserve
两地约18.3千米，
耗油约1.29澳元，
用时约18分钟
Cuumbuen
自然保护区
Cuumbuen
Nature Reserve
沃森
Watson
堪培拉
Canberra
坎贝尔
Campbell
堪培拉国际机场
Canberra
International Airport
迪金
Deakin
澳洲国会
Parliament House
柯廷
Curtin
沃登瓦利
Woden Valley
莫森区
Mawson
A23
A25

堪培拉及周边自驾路线示意图

堪培拉省钱大比拼

对孩子优惠的景点			
景点名称	孩子玩点	优惠信息	地址
伯利格里芬湖	游泳、垂钓、驾驶帆船	免费	堪培拉市中心
澳大利亚国家植物园	赏花、科普、游乐场	免费	Clunies Ross St., Acton, Canberra
澳大利亚国家博物馆	了解历史、电影	免费	Lawson Crescent, Acton, Canberra
澳大利亚国家美术馆	艺术品、学绘画	固定展览免费	Parkes Pl., Parkes, Canberra
澳大利亚国家科技中心	科普知识、互动、智力问答	成人18澳元，儿童12澳元，家庭49澳元	King Edward Terrace, Canberra
国家动物园和水族馆	动物表演、接触可爱小动物	免费	Lady Denman Drive, Yarralumla,Canberra
特宾比拉自然保护区	骑马、爬山、观看野生动物	免费	Paddy's River Rd., Paddys River
国家恐龙博物馆	各类恐龙模型、化石	成人16澳元，儿童9.9澳元，家庭45澳元	Gold Creek Rd.,Nicholls
堪培拉小人国	观看模型、玩游戏	免费	11 Gold Creek Rd., Nicholls,Canberra

畅游世界，在旅行中成长
带孩子游澳大利亚

PART4

带孩子游墨尔本

墨尔本是澳大利亚的城市之一，带孩子游墨尔本，可以感受世界大都市的浪漫气息，可以去大洋之路欣赏原始雨林的美景；可以去亚拉河谷和丹顿农葡萄酒产区品尝美酒；可以去莫宁顿半岛的雅思花园和薰衣草庄园追逐蝴蝶，在草莓园采草莓，尝各种草莓制品；可以去菲利普岛看可爱的小企鹅归巢；可以去各大农庄看超萌的羊驼；还可以去戴尔斯佛德泡温泉……带孩子去墨尔本吧，在感受艺术氛围的同时亲近大自然的美好。

带孩子怎么去

优选直达航班

目前乘坐飞机从中国能直达澳大利亚墨尔本的城市主要是上海、广州和香港。游客可以参考下面的信息，选择航班。表格中的出发时间是以北京时间为准，到达时间是墨尔本当地时间。北京时间比墨尔本时间晚2小时（标准时差）。墨尔本当地时间分夏令时和冬令时，冬令时为标准时间。

从中国到墨尔本，承运直达航班的航空公司主要有中国国际航空公司、中国南方航空公司和中国东方航空公司，这三家公司都能够提供中文服务，适合带着孩子、首次出境游玩的游客选择。

中国到墨尔本的直达航班资讯

承运公司	航班号	班次	路线	出发时间	到达时间		实际北京时间
中国国际航空	CA177	每周一、三、四、五、六	上海→墨尔本	19:15	夏令时	9:00	次日6:00
					冬令时	8:00	
中国东方航空	MU737	每天均有	上海→墨尔本	20:00	夏令时	10:00	次日7:00
					冬令时	9:00	
	MU739	每天均有	上海→墨尔本	00:20	夏令时	13:40	次日10:40
					冬令时	12:40	
中国南方航空	CZ343	每天均有	广州→墨尔本	9:00	夏令时	21:30	次日18:30
					冬令时	20:30	
	CZ321	每天均有	广州→墨尔本	21:00	夏令时	9:40	次日6:40
					冬令时	8:40	

续表

承运公司	航班号	班次	路线	出发时间	到达时间		实际北京时间
澳大利亚航空	QF342	每天均有	上海→墨尔本	20:00	夏令时	10:00	次日7:00
					冬令时	9:00	
	QF030	每天均有	香港→墨尔本	19:50	夏令时	8:15	次日5:15
					冬令时	7:15	

从机场到墨尔本市

墨尔本的飞机场有两个，分别是墨尔本国际机场和Avalon机场，其中Avalon机场主要负责墨尔本的国内航班起降。从中国上海、广州和香港飞往墨尔本的航班多停靠在墨尔本国际机场。

从墨尔本机场出发

墨尔本国际机场是墨尔本市的主要国际机场，也是维多利亚州的民航机场之一。从该机场前往墨尔本市区可乘坐机场巴士、出租车或巴士等交通工具。

- 地址：Departure Dr., Melbourne Airport
- 网址：www.melbourneairport.com.au

墨尔本国际机场至墨尔本市的交通工具			
交通方式	英文	介绍	时间/票价
机场巴士	Skybus	机场和市区之间运营的快速机场巴士全天运营，抵达市中心的南十字星站。大巴票可在抵达大巴站点时购买，也可通过网站www.skybus.com.au在线购买	每隔10分钟发车，票价单程19澳元/人，儿童单程 9澳元/人
出租车	Taxi	墨尔本机场的一层、2号航站楼（T2—国际）以及两个国内航站楼（1号航站楼—T1和3号航站楼—T3）外面均有出租车	车程约20分钟，费用约50澳元
巴士	Bus	有三条，分别是478、479和500，全部是由Tullamarine Bus Lines公司经营。这些巴士按照墨尔本普通巴士价格售票，机场站属于二区	5.8澳元

亲子行程百搭

市内百搭

唐人街 China Town
Flagstaff Gardens
La Trobe St
伦斯敦街
皇家拱廊 Royal Arcade
Queen St
布洛克拱廊 Block Arcade
联邦广场 Federation Square
菲兹洛伊花园 Fitzroy Gardens
库克船长的小屋 Cooks Cottage
Yarra Park
墨尔本板球场 Melbourne Cricket Ground
Brunton Ave
雅拉河
Crown Metropol
The Corner Hotel
South Melbourne Market
墨尔本战争纪念馆 Shrine of Rememberence
墨尔本皇家植物园 Royal Botanic Gardens Melbourne
Dorcas St
Fettars St
Park St
Moray St
Chapel St
Albert Park
墨尔本月亮公园 Luna Park Melbourne

墨尔本市内百搭路线示意图

购物休闲之旅

乘坐免费环城电车在春天街(Spring Street)的国会大厦(Parliament House)下车，步行前往小柏克街(Little Bourke Street)即到

❶ 唐人街 China Town（1小时）

步行约4分钟路程

❷ 皇家拱廊 Royal Arcade（2小时）

步行约3分钟路程

❸ 布洛克拱廊 Block Arcade（2小时）

步行750米约10分钟

❹ 联邦广场 Federation Square（2小时）

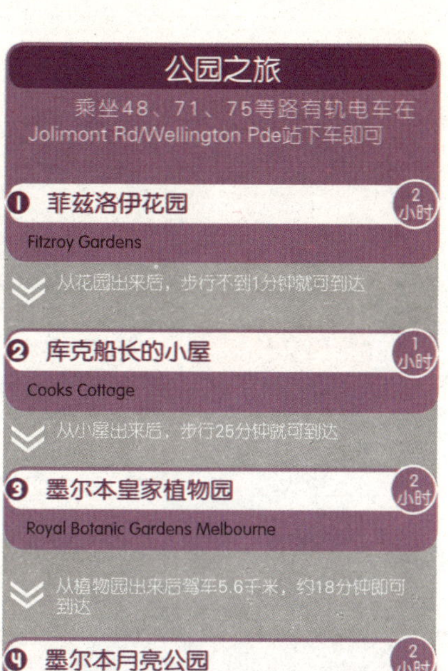

公园之旅

乘坐48、71、75等路有轨电车在Jolimont Rd/Wellington Pde站下车即可

❶ 菲兹洛伊花园 Fitzroy Gardens（2小时）

从花园出来后，步行不到1分钟就可到达

❷ 库克船长的小屋 Cooks Cottage（1小时）

从小屋出来后，步行25分钟就可到达

❸ 墨尔本皇家植物园 Royal Botanic Gardens Melbourne（2小时）

从植物园出来后驾车5.6千米，约18分钟即可到达

❹ 墨尔本月亮公园 Luna Park Melbourne（2小时）

周边百搭

动物观赏之旅

乘35、70、71、75等路有轨电车到墨尔本水族馆站下即可

❶ 墨尔本水族馆 Melbourne Aquarium（3小时）

乘坐55路有轨电车到Macarthur Road-Stop 23下车可到

❷ 墨尔本动物园 Royal Melbourne Zoo（3小时）

自驾走Poplar Rd.和The Avenue驶入Macarthur Rd./State Route 83，沿M3和Maroondah Hwy开往Healesville的Airlie Rd.，然后沿Airlie Rd.和Badger Creek Rd./C505开往Badger Creek的目的地即可

❸ 希尔斯维尔保护区 Healesville Sanctuary（3小时）

自然体验之旅

自驾车游览

❶ 墨尔本市中心 Melbourne City Centre（3小时）

从Flinders St./State Route 30和Kings Way/State Rte 60驶入Southbank的M1，沿M1开往Pakenham。从M1的C422出口驶出继续沿C422开往Monomeith的目的地

❷ 华洛克农庄 Warrook Farm（3小时）

墨尔本动物园 Royal Melbourne Zoo

墨尔本机场 Melbourne Airport

艾森 Eltham

利利代尔 Lilydale

希尔斯维尔保护区 Healesville Sanctuary

墨尔本市中心 Melbourne City Centre

阿尔托纳区

墨尔本水族馆 Melbourne Aquarium

蕨树峡谷 Ferntree Gully

埃默拉尔德 Emerald

Lysterfield Park

布莱克岩 Black Rock

伯威克 Berwick

帕金顿 Pakenham

菲利普港湾 Port Phillip

弗兰克斯顿 Frankston

华洛克农庄 Warrook Farm

莫宁顿 Mornington

B360 34 M3 M1 M11 M420 C404 C411 C424

墨尔本周边百搭路线示意图

亮点

1 墨尔本水族馆：探索海底世界
2 月亮公园：开启游乐场之旅
3 普芬比利蒸汽小火车：开启火车观光线路之旅
4 华洛克农庄：体验农场生活
5 大洋之路：自驾观光的好去处
6 墨尔本动物园：亲近小动物

联邦广场

联邦广场（Federation Square）位于墨尔本的中心地带，是一个开放式的多功能广场，是墨尔本的聚会之地。联邦广场最吸引人的是建筑群，这种独特的建筑样式还获得过敦雷博建筑设计大奖。现在的联邦广场已经成为墨尔本著名的观光景点之一。

适合孩子年龄：6~12岁
游玩重点：儿童游戏区、周围艺术馆、观看表演

广场周围的NGV儿童游戏区是为儿童和家庭提供的活动区域，可以在这里从事创造性的安装活动和其他一些专门为儿童设计的活动，千万不可错过。

亲子旅行资讯

Corner Swanston St. & Flinders St.,Melbourne

在市区乘坐1、3、5、6等路有轨电车到Swanston St/Flinders St下车

www.fedsquare.com

03-96551900

唐人街

适合孩子年龄：6～12岁
游玩重点：品美食、看夜景

唐人街（China Town）位于墨尔本市中心最繁华的地段，街两旁几乎全部是中国的餐馆和食品杂货商店，招牌上也有很多中文。这里的街口上还修起了一座“袖珍城墙”，当地人不仅可以到这里来享受中国的美食，还可以就近了解中国的文化艺术。唐人街是墨尔本的娱乐场所的集中地，中国游客来到这里，就好像走在中国的街道一样亲切。

亲子旅行资讯

- Little Bourke Street, Melbourne
- 乘坐免费环城电车在春天街（Spring Street）的国会大厦（Parliament House）下车，步行前往小柏克街（Little Bourke Street）可到

皇家拱廊

适合孩子年龄：6～12岁
游玩重点：观看表演、逛玩具店、吃巧克力

皇家拱廊（Royal Arcade）位于墨尔本市中心，是世界上著名的现存拱廊建筑之一，也是墨尔本历史最悠久的拱廊。皇家拱廊以独特的建筑风格和街内两旁富有历史特色的小店而闻名于世。这里的糖果店经常在橱窗内展示现场制糖的表演；拱廊一侧有专卖俄罗斯套娃的小店和玩具店，同时还有一家知名的巧克力餐厅分店。目前，这里是墨尔本最著名的旅游景点之一。

亲子旅行资讯

- 335 Bourke Street Mall,Melbourne
- 乘19、57、59、86、95、96等路有轨电车到Bourke St/Elizabeth St站下即可
- 免费
- 周一至周六9:00～17:30，周日10:00～17:00
- www.royalarcade.com.au
- 03-96707777

墨尔本博物馆

墨尔本博物馆（Melbourne Museum）位于卡尔顿花园内，皇家展览馆的旁边。它建于1996年7月，2000年11月正式对公众开放，其造型极富现代感，与皇家展览馆的古典风格形成强烈的对比，是南半球最大且最具创新精神的博物馆。其中，儿童博物馆是最有趣、最生动的，馆内展示了众多奇珍异兽，尤以恐龙化石和蓝鲸骨骼标本著称。

亲子旅行资讯

- 11 Nicholson Street,Carlton, Melbourne
- 乘96路有轨电车在Hanover St/ Nicholson St站下即可
- www.museumvictoria.com.au
- 成人14澳元，16岁以下儿童免费
- 10:00～17:00
- 03-83417777

墨尔本水族馆

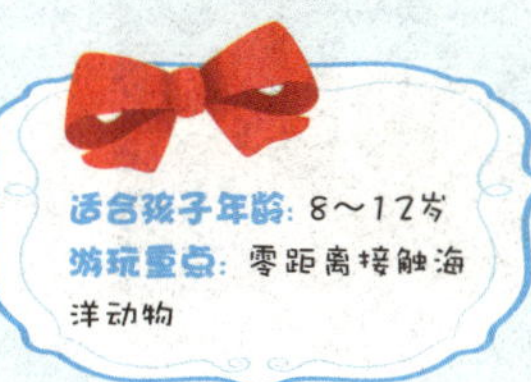

墨尔本水族馆（Melbourne Aquarium）坐落在被誉为“南半球的泰晤士河”的亚拉河畔，是澳大利亚最受欢迎的水族馆之一。馆内有海洋动物500余种，带孩子来这里可以近距离地观察到澳大利亚特有的海洋动物。在海底世界馆内，游客可以亲手触摸各种各样的海洋贝类，也可从电子模拟器里直观地了解海洋生物地设功能化，3D海底模拟器甚至可以让游客探索海底的奥秘。馆内还提供7种语言的导游器，不用担心语言不通。

亲子旅行资讯

Kings Street/Flinders Street,Melbourne
乘35、70、71、75等路有轨电车到墨尔本水族馆站下即可
www.melbourneaquarium.com.au
成人41.5澳元，儿童26澳元，家庭（2名成人+2名儿童）99澳元
9:30 ~ 18:00
03-99235925

潮爸辣妈提示

企鹅是这个水族馆的明星动物，它们憨态可掬的样子，一点也不怕游客，非常可爱。在这里，孩子可在冰上与国王企鹅和巴布亚企鹅亲密接触。

菲兹洛伊花园

菲兹洛伊花园（Fitzroy Gardens）建成至今已有150多年的历史，是墨尔本最具代表性的花园。该花园位于市中心的惠灵顿大道上，是市中心和东墨尔本的分界线。花园里有大片草地和茂密的树林，清静而美丽，著名的库克船长的小屋就坐落于此，里面记录着库克这位航海家的生活轨迹。许多家长都带孩子来到这里，远离城市喧嚣，享受绿色的休闲时光。

适合孩子年龄：6～12岁
游玩重点：库克船长小屋、草地玩耍、沐浴阳光

亲子旅行资讯

230 Wellington Parade,East Melbourne
乘坐48、71、75等路有轨电车在Jolimont Rd/Wellington Pde站下车即可
www.fitzroygardens.com
库克船长小屋成人6澳元，儿童3澳元，家庭套票（2名成人+2名儿童）16.5澳元
库克船长小屋9:00 ~ 17:00，最后入场时间是16:45，圣诞节关闭
03-96589658

库克船长的小屋

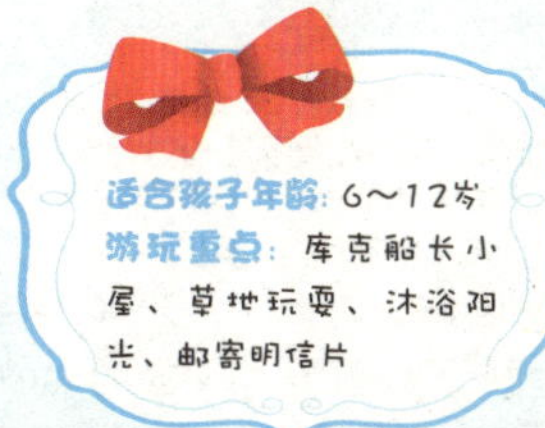

库克船长的小屋（Cooks Cottage）位于墨尔本市中心的菲兹洛伊花园里，是一幢真正的小屋，简单、朴实，斜顶铺瓦、石砌墙面，暗黑的褐色透出古老沧桑。小屋成为墨尔本真正意义上的18世纪的古建筑，也成了众多游客观光的地方。小屋的前面还有一个红色的邮筒，非常醒目，人们可以在景点旁边的小卖部买一张明信片寄给远方的亲友。在这里寄出的明信片将会获得澳大利亚邮局盖上库克小屋的邮戳。

潮爸辣妈提示

在库克船长的小屋内部游览时请保持安静，不要触碰内部摆设，外部游览时也请不要破坏这里的一草一木。

墨尔本皇家植物园

墨尔本皇家植物园（Royal Botanic Gardens Melbourne）坐落在美丽的亚拉河南岸，距离墨尔本市中心约2千米，是澳大利亚最好的植物园，也是全世界设计最好的植物园之一。植物园中有来自澳大利亚甚至世界各地的上万种奇花异草，还留着20世纪的一些古建筑风貌。园中有令人赞叹的景色、宁静的湖泊以及多种多样的植物，无疑是让人不断探索与感受欢乐的地方。

亲子旅行资讯

- Birdwood Ave., South Yarra, Melbourne
- 乘坐3、6、8等路有轨电车在Shrine of Remembrance/St. Kilda Rd下车前往
- www.rbg.vic.gov.au
- 11月至次年3月7:30～20:30，4月、9～10月7:30～18:00，5～8月5:30～17:40
- 03-92522300

潮爸辣妈提示

植物园非常大，带着孩子来游玩不可能全部游遍，不过可以根据孩子的兴趣爱好来游览。

墨尔本动物园

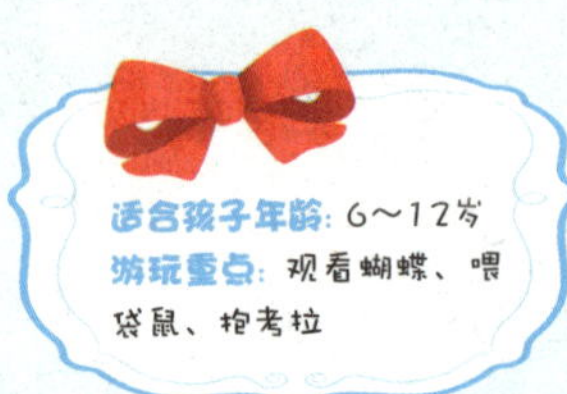

墨尔本动物园（Royal Melbourne Zoo）位于墨尔本市中心北面3千米处，是澳大利亚历史最悠久的动物园，也是世界上最古老的动物园之一，被评为“世界上的六大著名动物园”之一。目前，动物园内共有各种动物350多种，除了澳大利亚本土的特有动物外，还有来自世界各地的珍禽异兽。此外，园内还有一个蝴蝶屋，里面都是五光十色的蝴蝶，人们置身其中仿佛进入了梦里的国度。游客带着孩子来到这里，在观赏动物的同时，也能与他们分享天然世界的情趣。

亲子旅行资讯

- Elliott Ave., Parkville,Melbourne
- 乘坐55路有轨电车到State Netball & Hockey Centre站下车可到
- www.zoo.org.au
- 成人票价32.5澳元，儿童（0～15岁）16.3澳元
- 周一至周五9:00～17:00
- 03-92859300

来到动物园，孩子难免会抱各种萌萌的小动物。动物身上多少会有些细菌，等孩子抱完后记得给他们洗手，为了避免没有水的情况，可提前备好湿纸巾，比较方便。

华洛克农庄

适合孩子年龄：6～12岁
游玩重点：喂小羊、剪羊毛、挤牛奶

华洛克农庄（Warrook Farm）始建于19世纪，距墨尔本约1小时车程，是一处感受地道澳大利亚农庄生活的好去处。农庄内拥有美丽的花园和壮阔的牧场，带着孩子来这里，可以观赏或参与农场活动，如乘坐干草车、喂小羊、放羊驼、赶羊、剪羊毛、挤牛奶等，运气好的话还能赶上澳大利亚的婚礼，带回一身的喜气。此外，农场内还供应烧烤、晚餐下午茶等。

亲子旅行资讯

- 4170 S Gippsland Hwy., Monomeith
- www.warrook.com.au
- 农庄游览（包括喂食小动物、挤牛奶、剪羊毛、牧羊犬表演等）成人28澳元，儿童17.5澳元，家庭套票（两名成人及两名儿童）80澳元
- 10:00～16:00，圣诞节不开放，农庄游览时间11:00～13:00
- 03-59971321

潮爸辣妈提示

在这里有很多需要孩子们动手的活动，既可以锻炼孩子又可以亲近自然。但要注意，带着孩子来农场，一定要提前给孩子多抹些除虫精油。

菲利普岛

菲利普岛（Phillip Island）也被称为“企鹅岛”，因其是观赏世界上最小的神仙企鹅的地方而得名。虽然它距墨尔本有100多千米，但是每年仍有上百万的国内外游客前来观看难得一见的生态奇景。观看剪羊毛表演和企鹅登陆是企鹅岛最有趣的项目。在这个度假胜地，想看小巧玲珑的神仙企鹅？想和憨态可掬的考拉亲密接触？想远远眺望那互相嬉戏顽皮的海狮？想体验浓厚古典味道的农庄？想进入现实版的《查理和巧克力工场》？这些充斥你脑海中好玩的念头，在菲利普岛都能一一实现！

适合孩子年龄：6～12岁
游玩重点：观看剪羊毛表演、企鹅登陆、接触考拉、看海狮嬉戏、游巧克力工场

亲子旅行资讯

- 895 Phillip Island Rd., Newhaven（Phillip Island Visitor Information Centre）
- 在墨尔本市内的南十字星火车站（Southern Cross Station）乘坐V/Line长途大巴可以到达岛上的小镇考斯（Cowes）
- www.visitphillipisland.com
- 岛上的大部分景点会于10:00开始接待游客，除了企鹅归巢的海滩会开放至日落之后，其余景点会于17:00关闭
- 1300-366422

潮爸辣妈提示

这里推荐购买企鹅归巢、考拉保育中心和丘吉尔岛农场的通票，会比分别购票便宜很多。如果想拍企鹅的照片，注意不要使用闪光灯，以免刺激刚从黑暗的大海中归来的企鹅的眼睛。此外，即使是夏天到岛上，也要带些御寒的衣服，用以抵御太阳落山后南极附近的湿冷。

大洋路

大洋路（Great Ocean Road）位于墨尔本的西部，是澳大利亚著名的自驾车游缆路线，也是众多旅行者来澳大利亚的必游之地，在这里能欣赏到澳大利亚最佳的海岸风光。这里有宁静的海湾、冲浪海滩、热带雨林、山洞和风口，也有举世知名的景点——奇特的天然石柱“十二使徒岩”屹立于海洋里。带着孩子前来此处，可以看到壮丽的贝尔斯海滩；可以在安格勒斯亚探寻丛林，与袋鼠和海鸥嬉戏；可以在大奥特威国家公园与澳大利亚国宝——考拉亲密接触；还可以在灯塔上眺望南太平洋美景。

适合孩子年龄：9～12岁
游玩重点：海滩冲浪、动物嬉戏、接触考拉

亲子旅行资讯

由墨尔本的西南小镇Torquay，经由洛恩（Lorne）、阿波罗湾（Apollo Bay）、Port Campbell一直延伸到瓦南布尔（Warrnambool），总长约250千米

www.visitgreatoceanroad.org.au

03-52831735

墨尔本其他景点推荐			
中文名称	英文名称	地址	网址
圣巴特利爵主教座堂	St. Patrick's Cathedral	1 Cathedral Pl.,East Melbourne	www.cam.org.au
圣保罗座堂	St. Paul's Cathedral	Flinders Ln & Swanston Streets, Melbourne	www.stpaulscathedral.org.au
战争纪念馆	Shrine of Remembrance	Birdwood Ave., Melbourne	www.shrine.org.au
皇家展览馆	Royal Exhibition Building	9 Nicholson St., Carlton, Melbourne	museumvictoria.com.au
皇冠逍遥之都	Crown Entertainment Com-plex	8 Whiteman St., Southbank,Melbourne	www.crownmelbourne.com.au
维多利亚州立图书馆	State Library of Victoria	328 Swanston St., Melbourne	www.slv.vic.gov.au
墨尔本观景台	Eureka Skydeck 88	7 Riverside Quay, Southbank	www.eurekaskydeck.com.au
墨尔本板球场	Melbourne Cricket Ground	Brunton Ave., Richmond, Melbourne	www.mcg.org.au
墨尔本邮政总局	Melbourne's General Post Office	350 Bourke Street, Melbourne	www.melbournesgpo.com
雅思迷宫及薰衣草花园	Ashcombe Maze & Lavender Gardens	15 Red Hill-Shoreham Rd., Shoreham,Melbourne	www.ashcombemaze.com.au
优柔薰衣草庄园	Yuulong Lavender Estate	58 Sharrocks Rd., Mount Egerton,Melbourne	www.yuulonglavender.com.au
阿尔伯特公园	Albert Park	Aughtie Dr., Albert Park, Melbourne	parkweb.vic.gov.au
南岸剧院	Southbank Theatre	140 Southbank Boul-evard, South-bank,Melbourne	www.mtc.com.au
大奥特威国家公园	Great Otway National Park	Great Ocean Rd., Melbourne	parkweb.vic.gov.au

跟孩子吃什么

在墨尔本，能带孩子吃到世界各地的美食。墨尔本这座充满欢乐与惊喜的城市，饮食文化是来自各国移民饮食文化的荟萃，聚集了各种地方的特色美食，让人吃不尽、品不完。来到墨尔本，不如先带孩子尝尝当地的特色美食，了解墨尔本的美食文化，然后再去各餐厅品尝心仪的美食。

墨尔本的特色美食

对于注重美食的游客来说，墨尔本可以称得上是世界上最好的目的地之一。由于墨尔本所处的维多利亚州是澳大利亚奶酪、酒、肉类、鱼类、水果和野味的重要产地，再加上其国际化都市的地位，各国佳肴均可以在这里尝到，这令墨尔本成为名副其实的美食帝国。墨尔本和维多利亚州由于有良好的发展条件，汇聚了来自世界各民族文化和澳大利亚最具创造力的厨师，一定会是家庭游品尝美味佳肴的最佳地点。

墨尔本的必尝美食	
必尝美食	介绍
澳大利亚牛排	澳大利亚盛产优质牛肉，其最好的烹饪方法当然是做成牛排了，大多数餐馆都可以提供不同做法的牛排，也可以去专门的牛排馆饕餮一番
意大利菜	由于墨尔本有许多来自意大利的移民，所以有非常正宗的意大利餐馆，提供各种比萨、意面和其他各种意大利料理，这些餐馆主要聚集在莱贡街附近
鸭血粉丝汤	鸭血粉丝汤是一道令人回味无穷的小吃，在墨尔本也能吃到，滑嫩的鸭血和同样爽滑的粉丝用味道鲜美的鸭汤一煮，滴上数滴香油，撒上一撮虾米和鸭肝、鸭肠衣等，再点上一撮香菜，美味无比。爱吃辣的客人，还可以再加上些辣椒油或胡椒，色香味俱全
袋鼠肉	袋鼠肉也成为澳大利亚餐桌上的美食，口感类似于牛肉，脂肪含量低，蛋白质含量高但是肉质偏硬，而且有特别的膻味，不过经过处理后也是澳大利亚特有的美味
甜点	澳大利亚人习惯在饭后喝咖啡或者吃甜点，这里甜点的品种众多，甚至不同的节日和季节吃的甜点都不一样。有名的甜点有提拉米苏、松露蛋糕、香蕉船、巧克力泡芙等

孩子最喜欢的餐厅

带孩子来这里可以品尝到既物美价廉又美味的越南饭、卡尔顿和意大利餐、诱人的西班牙小吃拼盘等。如果你怀念中国风味美食，可以来菲茨罗伊大街，这里有很多美味的中餐厅，孩子可以在异国他乡品尝中餐的美味。

食为先酒家

食为先酒家（Shark Fin Inn）是澳大利亚墨尔本的一家中餐厅，属于食为先中餐集团，1980年开始营业，目前有4家分店。其他两家分店为Shark Fin House和Shark Fin Inn Keysborough。主要经营粤菜，以其地道的中餐闻名墨尔本，是朋友聚会的用餐好去处，这里菜肴价格亲民，环境优雅。以供应经典的中餐料理为主，如佛跳墙、煲汤、热炒、清蒸鱼、海鲜、甜品和粥类。

■ 地址：50 Little Bourke Street, Melbourne

■ 交通：乘坐有轨电车35、86、95、96在Spring St/Bourke St站下车

■ 网址：www.sharkfin.com.au

■ 开放时间：周一至周六11:30～15:00，17:30至次日1:30，周日11:30～15:30，17:30至次日1:30

■ 电话：03-96622681

香料圣殿餐厅

香料圣殿餐厅（Spice Temple）是一家粤菜餐厅，这里汇集了中国各地不同口味的美食，而不仅仅是粤菜一种单一的味道。这里的四川辣椒辣劲十足，菜单上最辣的菜均用红色标识出来。当然这里的菜品并非全是热辣的，长长的菜单上也列有口味清淡的菜式。毋庸置疑，香料圣殿餐厅绝对是墨尔本市最“刺激”的中餐馆。

■ 地址：8 Whiteman St., Southbank, Melbourne

■ 网址：www.spicetemplemelbourne.com

■ 开放时间：早茶周二至周日12:00～15:00，晚餐从18:00开始

■ 电话：03-86791888

墨尔本其他餐厅推荐

中文名称	英文名称	地址	电话
龙舫酒家	Dragon Boat	203 Little Bourke St.,Melbourne	03-96622733
采蝶轩	Plume Chinese Restaurant	Highpoint,120-200 Rosamond Rd.,Maribyrnong,Melbourne	03-93186833
翡翠小橱	Crystal Jade	154 Little Bourke St., Melbourne	03-96392633
彩云南	Yunnan color	680 swanston St.,Carlton,Melbourne	03-99431055
红蚂蚁	Ants Bistro	7 Corrs Ln., Melbourne	03-96392908

和孩子住哪里

墨尔本这座被誉为"花园城市"的大都市，住宿地当然很多并且都温馨舒适。从豪华装潢的酒店到精致的旅馆公寓，应有尽有，可以满足不同需要的游客。墨尔本的住宿地主要集中在市中心的中央商务区，酒店的价格上下有浮动，如果恰逢节假日和有大型活动的时候，则需要提前预订。带着孩子来到墨尔本，选择住宿地当然以孩子安全舒适为主，一些家庭酒店和家庭旅馆都是不错的选择，既安静又带有免费的小厨房，给人亲切温馨的感觉。

墨尔本斯坦福广场酒店

墨尔本斯坦福广场酒店（Stamford Plaza Melbourne）位于墨尔本市中心，酒店的每间套房均设有独立卧室、起居区和厨房。设施齐全的厨房配备了微波炉、灶具和洗碗机。在带顶棚的屋顶游泳池可欣赏到墨尔本天际线的美景。现代化的健身中心设有落地窗和一座大型的SPA浴池，游客可以在浴池游泳，舒缓旅途疲劳。

- **地址：** 111 Little Collins Street, Mel-bourne,Melbourne
- **网址：** www.stamford.com.au
- **电话：** 03-96591000

夏季酒店假日公寓

夏季酒店假日公寓（Summer Inn Holiday Apartments）距离墨尔本机场仅有10分钟车程，内部提供各种现代化的公寓设施，有免费无线网络连接、免费停车场和免费墨尔本机场接机服务。此外，公寓内均有单独的厨房设施和配备有音响系统的独立客厅。

- **地址：** 74 Keilor Road Essendon, Melbourne
- **网址：** www.summerinn.com.au
- **电话：** 03-93796888

墨尔本其他住宿地推荐

中文名称	英文名称	地址	电话	网址
温莎酒店	The Hotel Windsor	111 Spring Street, Melbourne	03-96336000	www.thehotelwindsor.com.au
墨尔本宜必思酒店	Hotel Ibis Melbourne	600 Little Bourke Street, Melbourne	03-96720000	www.ibishotel.com

给孩子买什么

在墨尔本这个购物天堂，从时尚高端的奢侈品到传统手工艺品应有尽有，还有很多孩子喜爱的毛绒玩具。又因澳大利亚是动物王国，所以这里有很多关于动物的小玩具，非常吸引小孩子，带孩子来游览澳大利亚的父母，不妨买些孩子喜爱的东西。

在墨尔本买给孩子的礼物	
特色商品	介绍
猫眼石	猫眼石在澳大利亚非常受欢迎，街边的小店和精品店内有五彩斑斓的猫眼石，可以驱邪
UGG雪地靴	雪地靴采用上乘材质与精湛工艺，可在柯林斯街和墨尔本市中心等繁华地段的专卖店内给孩子买一双，既保暖又好看
回力标	澳大利亚原住民使用了数千年的狩猎工具，现作为澳大利亚原住民文化的代表物，是悉尼奥运会会徽里原住民文化的象征
动物玩具	在这个动物王国有很多可爱的动物，如考拉、企鹅、袋鼠等，精品店内有采用这些动物制作的小玩偶，非常漂亮精致
个性衣服	在T-shirt专卖店内可以给孩子买一身潮流前卫的衣服

孩子们的购物乐园

皇家拱廊虽然规模比较小，但这里的特色小店非常多。拱廊里的糖果店还常常有橱窗内现场制糖表演，拱廊一侧有专卖俄罗斯套娃的小店和玩具店。另外，这里还有一家知名的巧克力餐厅KoKo Black的市区分店。

不可错过的购物地

墨尔本有大量不可错过的购物地，无论是展示着顶级设计师杰作的服装店，还是珍奇珠宝店，或是物品价格实惠的百货商城，都会让人忍不住放开手脚购物。如果说购物中心的商品价格还有点高的话，周边集市简直就是挑选便宜商品的宝地了。

墨尔本的购物地非常多，商品种类也名目繁多。适合带着低龄孩子的父母前往购物。父母中可以一个人在购物目的地附近找家咖啡店或者娱乐城，带着孩子玩，另一个人拿着列好的购物清单直奔目的地，以较快的速度完成购物计划，然后继续游玩。

墨尔本中央购物中心

墨尔本中央购物中心（Melbourne Central Shopping Centre）位于维多利亚州立图书馆对面，保存了历史遗迹的同时融入了现代的元素。墨尔本中央购物中心有290多个商铺、美食市场等。

- 地址：211 La Trobe St., Melbourne
- 开放时间：周六至下周三10:00 ~ 19:00，周四、周五10:00 ~ 21:00
- 电话：03-99221100
- 网址：www.melbournecentral.com.au

海港城购物中心

海港城购物中心（Harbour Town Shopping Centre）汇聚了Levi's、Angus & Coote、Orchid Nails等180多个知名品牌，吸引众多时尚人士前来选购。此外，这里餐厅、酒吧、美容店一应俱全，是购物休闲娱乐的好去处。

- 地址：440 Docklands Drive,Docklands, Melbourne
- 开放时间：10:00 ~ 18:00
- 电话：03-93288600
- 网址：www.harbourtownmelbourne.com.au

墨尔本其他购物地推荐

名称	简介	地址	营业时间
科林斯街	南半球最为著名的奢侈品购物中心，几乎汇集了包括Armani、Chanel、Gucci、LV、Prada在内的所有奢侈品牌的店铺	Collins Street, Melbourne	周一至周五8:00 ~ 18:00，周六10:00 ~ 17:00，周日10:00 ~ 16:00
费兹罗玫瑰街艺术家市场	墨尔本有名的艺术品和设计集市，可以购买当地艺术家的作品，包括摄影作品、珠宝、绘画、家居用品等	60 Rose St., Melbourne	每周六和周日11:00 ~ 17:00
联邦广场周末书市	墨尔本最大的周末书市之一，涵盖有各个主题的书籍，包括文学、历史、园艺、旅行、艺术和儿童书籍等。除了书商之外，作者和画家也会到书市来和读者见面	The Atrium, Federation Square, Melb-ourne	周六11:00 ~ 17:00
丽利代尔农市	农市位于亚拉地区，这里有着50多个摊位，且农副产品特别新鲜	155 Monbulk Seville Road Silvan	每个月第一个周日8:00 ~ 13:00

在墨尔本的出行

墨尔本市内的主要公共交通工具是城市铁路，多数行走在地面之上，只是在市中心区域内才在地下行驶。墨尔本有着世界最大的有轨电车系统，线路几乎覆盖了整个墨尔本市区。带孩子来墨尔本旅行的父母，可以自驾或乘坐观光巴士遍访这座城市的各个角落，亦可以乘坐历史悠久的有轨电车线路游览。

城市铁路

城市铁路（City Rail）贯穿了主要的交通要道和主要人口居住地区，是墨尔本大多数人上班和出行的主要交通工具。城市铁路的运行时间为周一至周五从5:00运行到午夜，高峰时间段，每10分钟一班，其他时间段20～30分钟一班；周六从5:00到午夜，每30分钟一班；周日7:00～23:30，每40分钟一班。

有轨电车

墨尔本是澳大利亚唯一保留着有轨电车的城市，有轨电车这种古老的交通工具是墨尔本的一大特色。有轨电车网络四通八达，遍布市区，并连接市区和郊区，经过很多景点，可以乘坐它前往瑞其门（Richmond）、圣基尔达（St Kilda）、南亚拉区（South Yarra）等地区。想要更多的了解有轨电车详情，可拨打电话03-131638。

环线电车

环线电车（City Circle Tram）中有一路是免费电车即CBD环线电车35路，不仅游客会坐这个车，就是当地人也会坐这种车代步。因为它会途经最热闹的联邦广场、弗林德斯街火车站、南十字星火车站等很多重要的交通枢纽及景点。车上广播会报站，每到一个站会有英文站点讲解。

环线电车运营时间为周日至周三10:00～18:00，周四至周六10:00～21:00。每12分钟一趟，双向对开，随时上车下车即可。

巴士

墨尔本的巴士交通网拥有300多条线路。巴士在市中心的主要区域都有停靠站，包括购物中心、学校、医院、休闲和体育活动场所，以及墨尔本最热门的景点。游客如果想去更远的地方旅行，可乘坐V/Line公司运行的巴士，可以抵达各个城镇和维多利亚州内各个风景秀丽的景点。想要了解更多详情，可以查询网站www.ptv.vic.gov.au。

出租车

墨尔本当地的出租车上的图案很富有地方特色。出租车分为可乘坐4人的小汽车和可乘坐5～11人的中型面包车，两种车的起步价都是3.2澳元，起步价外小汽车每千米价格为1.62澳元，面包车每千米价格为2.42澳元；24:00至次日5:00一般会加收20%的费用。

在墨尔本市内的酒店、大型商场及南十字星车站附近都很容易打到出租车，如果你有急事，可以通过电话或网络预约，但会有2澳元的预约费用。乘出租车需预先支付车费，到达后多退少补。

出租车公司信息		
名称	电话	网址
13 CABS	03-132227	www.13cabs.com.au

自行车

墨尔本地势平坦，非常适合骑自行车观光旅游。在墨尔本港布莱顿（Brighton）地区靠近菲利普港海湾的地方有两条非常好的自行车道，你可以在这里骑车游览。另外，游客在非乘车高峰时段，可以免费携带自行车乘坐郊区火车，到郊区体验骑自行车旅行。骑车时，你可以去联邦广场的访客中心及维多利亚自行车协会（Bicycle Victoria，03-86368888）获得地图。要注意，墨尔本有很多电车轨道，这些轨道在骑车穿过时容易打滑，所以要小心骑行，避免让车胎陷进轨道里。

自行车租赁地推荐				
名称	地址	电话	网址	费用
Garners Hire Bikes	179 Peel Street,North Melbourne	03-93268676	www.garnersmotorcycles.com.au	每天约35澳元
St. Kilda Cycles	150 Barkly Street,St Kilda,Melbourne	03-95343074	www.stkildacycles.com.au	每天约20澳元

在周五、周六的晚上，墨尔本的大部分交通工具都会在午夜停运，只有Night Rider公司的巴士会在午夜00:30开始运行到凌晨，其主要往返于联邦广场和市郊主要站点之间，票价为6澳元。

游船

水上游览是欣赏墨尔本美丽风景的绝佳方式，沿途共设有8个观光景点，从联邦广场启程，途经南门、墨尔本水族馆、皇冠娱乐综合大厦、科学展览中心、Yarras Edge、维多利亚港、Waterfront City/New Quay，直达码头区。

墨尔本游船详细信息		
名称	运营时间	价格
游船	周一至周五11:00～17:00，周六、周日及节假日10:00～20:00	成人9澳元，家庭套票29澳元（含2位成人和儿童，其中4岁以下儿童免票），优惠票5澳元（老年人、学生、15岁以下儿童适用）

如何在墨尔本跟团游

跟团游的游客，如果已在国内的组团社报了团，就要知道墨尔本当地的地接社是否有接机服务、出机场后的联系人是谁、是否需要自己乘车前往地接社、怎样能够到达等，这样出了机场才会无后顾之忧。如果没有在国内报团，就需要到了墨尔本当地报团。墨尔本有很多华裔开的旅行社，这些旅行社既能作为地接社接团，又能作为组团社建团。

在墨尔本怎样报团

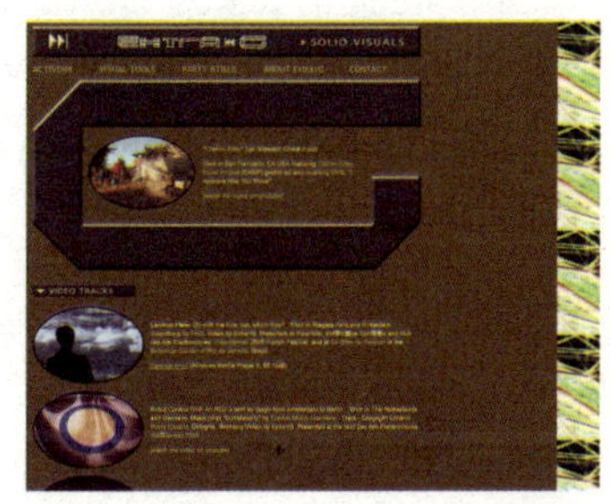

报团涉及在国内报团和到了墨尔本报团这2种主要方式。在本书Part1的出行方式里面，已经介绍了在国内报团的方式和注意事项，可参考P090。而在墨尔本，报团要事先了解当地有哪些可靠旅行团供选择。

● 墨尔本的旅行社

墨尔本知名的旅行社非常多，建议父母本着货比三家的原则报团。通常出了机场，人都比较困倦，这个时候不用着急去报团，不妨先到预订的酒店休息片刻，养足了精神再去报团。如果孩子有闹情绪的迹象，可以一个人陪着孩子在附近转转，另一个人去找旅行社。下面介绍的旅行社，可以用中文与其工作人员沟通，非常便利。下面资讯中的电话，建议到了墨尔本当地再拨打，若是用中国手机号漫游拨打，价格很高。

墨尔本知名华人旅行社推荐				
中文名称	英文名称	网址	电话	地址
羊城旅行社	Yang Cheng Travel	www.yctravel.com.au	03-96623389	9/1 Elizabeth St., Melbourne
长青旅行社	Extragreen Holidays Australha	www.extragreen.com.au	03-96239900	260Swanston Street, Melbourne
京澳旅游	BTS Travel	—	03-96423853	343 Little Collins St., Melbourne

墨尔本知名的地接社

对于带孩子境外游的游客来说，初到一个陌生的城市，肯定有很多的不适。如果在国内已报团，那么在当地有直接的地接社对于父母来说肯定是很有必要的。这样既节省了时间又非常方便，下面简单介绍几家墨尔本当地的地接社，供前往墨尔本的游客参考。

墨尔本知名地接社推荐					
中文名称	英文名称	网址	电话	地址	简介
澳大利亚中国旅行社	China Travel Service	www.chinatravel.com.au	03-96399400	901/125-133 Swanston St., Melbourne	澳大利亚的分社之一，专门提供各类境外游的旅游团服务
影城旅游	Travel Via Eden	www.travelviaeden.com	03-96397477	Shop 29A Mid City Arcade 200 Bourke Street, Melbourne	在墨尔本本地的旅行社中算很不错的，专门提供安排各类行程的旅游团，可在网上预订

延伸游览

墨尔本及周边自驾游

墨尔本及周边自驾路线

大洋路这条长达250多千米的沿海公路，自然景观美不胜收。但是这条蜿蜒曲折、忽高忽低的公路上，基本都是垂直的单车道，有的线路甚至在悬崖或是山底下，弯度很陡，需要减速慢行，行驶在这里一定要谨慎。这条路上有很多值得欣赏的美景，如十二使徒岩、森林步行道等。

C704
C703
C702
墨尔本市中心 Melbourne
富茨克雷 Footscray
韦里比镇 Werribee
伯伍德 Burwood
本特利 Bentleigh
克莱顿 Clayton
两地约41.6千米，耗油约2.93澳元，用时约32分钟
两地约33.1千米，耗油约2.33澳元，用时约29分钟
两地约53.7千米，耗油约3.78澳元，用时约42分钟
菲利普港湾
弗兰克斯顿 Frankston
季隆小镇 Geelong
两地约20.3千米，耗油约1.41澳元，用时约23分钟
两地约20.6千米，耗油约1.45澳元，用时约19分钟
C123
海洋林 Ocean Grove
B110
莫宁顿岛 Mornington
两地约23.2千米，耗油约1.63澳元，用时约25分钟
两地约28.1千米，耗油约1.98澳元，用时约25分钟
两地约17.4千米，耗油约1.21澳元，用时约17分钟
托尔坎小镇 Torquay
索伦托 Sorrento
德罗马纳 Dromana
C777

墨尔本及周边自驾路线示意图

墨尔本省钱大比拼

对孩子优惠的景点			
景点名称	孩子玩点	优惠信息	地址
联邦广场	儿童游戏区、表演	免费	Corner Swanston St. & Flinders St., Melbourne
疏芬山	亲手淘金	成人54澳元，5~15岁儿童24.5澳元，家庭票136澳元（2名成人+多达4名儿童）	Bradshaw St.,Ballarat VIC
皇家拱廊	街头表演、玩具店	免费	335 Bourke Street Mall,Melbourne
墨尔本博物馆	恐龙化石、科普知识	成人14澳元，16岁以下儿童免费	11 Nicholson Street, Carlton,Melbourne
墨尔本大学	拍照、感受书香气息	免费	1－100 Grattan Street, Parkville,Melbourne
华勒比开放式动物园	看野生动物	成人37澳元，儿童16.2澳元（周六、周日、公共节假日及学校节假日免费）	K Rd., Werribee South
维多利亚国家美术馆	DIY动手画	免费	180 St. Kilda Road, Melbourne
墨尔本水族馆	了解海底世界	成人41澳元，儿童26澳元，家庭（2名成人+2名儿童）99澳元	Kings Street/Flinders Street,Melbourne
菲兹洛伊花园	草地玩耍	免费	Wellington Parade, East Melbourne
库克船长的小屋	邮寄明信片、DIY制作	成人6澳元，儿童3澳元，家庭套票16.5澳元（2名成人+2名儿童）	Fitzroy Garden,Wellington Parade,East Melbourne
墨尔本皇家植物园	儿童乐园、自然探索	免费	Birdwood Ave.South Yarra,Melbourne
墨尔本动物园	追蝴蝶、喂袋鼠、抱考拉	成人票价32.5澳元，儿童（0~15岁）周一至周五16.3澳元	Elliott Ave., Parkville, Melbourne

续表

景点名称	孩子玩点	优惠信息	地址
希尔斯维尔保护区	喂袋鼠、抱考拉、看表演	成人32.5澳元；儿童周一至周五16.3澳元；家庭（工作日）82.1澳元（2名成人+2名儿童）周末和节假日免费	Badger Creek Rd., Healesville
墨尔本月亮公园	游乐场	成人通票49.95澳元，4～12岁儿童通票39.95澳元，有些项目单独收费	18 Lower Esplanade,St Kilda,Melbourne
普芬比利蒸汽小火车	乘小火车观光	成人41澳元，儿童20.5澳元，4岁以下不占用座位免费	1 Old Monbulk Road Belgrave
华洛克农庄	喂羊、剪羊毛、挤牛奶	成人28澳元，儿童17.5澳元，家庭套票（2名成人及2名儿童）80澳元	4170 S Gippsland Hwy., Monomeith
菲利普岛	逛巧克力工场、看企鹅归巢	免费	895 Phillip Island Rd., Newhaven（Phillip Island Visitor Information Centre）
圣基尔达	骑自行车兜风	免费	墨尔本南部7千米处
大洋路	海滩冲浪、自驾观光	免费	西南小镇Torquay，经由洛恩（Lorne）、阿波罗湾（Apollo Bay）、Port Campbell一直延伸到瓦南布尔（Warrnambool）
阿波罗湾	观鸟、垂钓、划船	免费	大洋之路阿波罗湾
袋鼠岛	观看动物、滑沙、乘坐皮划艇	免费	阿德莱德西南面约113千米处
樱桃之路	采摘樱桃、品尝当地美食	免费	阿德莱德山
野生动物保护区	观赏动物、抱考拉、与袋鼠合影	免费	Waterfall Gully – Mt Lofty Trail, Cleland SA
峡谷野生动物园	观看动物、抱考拉	免费	Redden Dr., Cudlee Creek SA 5232

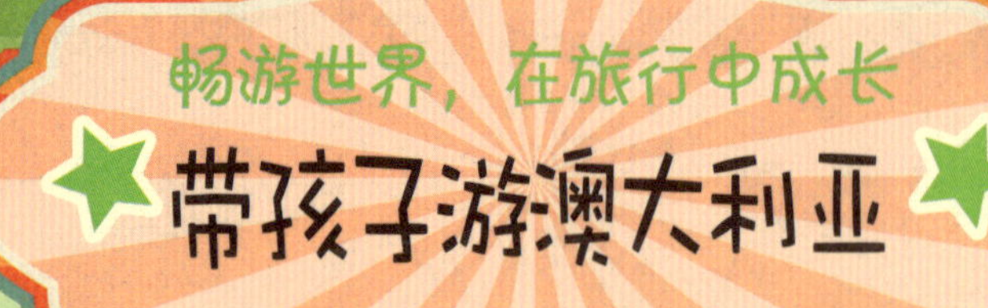
畅游世界，在旅行中成长
带孩子游澳大利亚

PART5

带孩子游布里斯班

189 > 213

布里斯班被称为阳光之城，带孩子来布里斯班，可以欣赏美丽的自然风景，可以去黄金海岸主题乐园体验梦幻之旅，可以去阳光海岸沐浴阳光、在沙滩玩耍，可以去大堡礁体验迷人的海底世界，可以去森林公园体验雨林美景，可以去龙柏考拉保护区看可爱的考拉……带孩子去布里斯班吧，那里集植物园和公园于一身，在灿烂的阳光下，布里斯班河碧波盈盈，沿岸的草坪花香草绿，可享受一派具有诗情画意的田园风光。

带孩子怎么去

优选直达航班

目前乘坐飞机从中国能直达澳大利亚布里斯班的城市主要是广州和香港。对于带孩子出行的游客来说，自己所在城市到澳大利亚目的城市有直达航班，可谓是一大福音。游客可以参考下面的信息，选择航班。表格中的出发时间是以北京时间为准，到达时间是布里斯班当地时间。布里斯班时间比北京时间早2小时（标准时差）。

从中国到布里斯班，承运直达航班的航空公司主要是中国南方航空公司、国泰航空和澳大利亚航空，这三家公司中南方航空能够提供中文服务，适合于带着孩子、首次出境游玩的游客。承运需中转航班的航空公司很多，信誉度比较高的有中国国际航空、中国东方航空和英国航空等，游客可据需求选择。

中国到布里斯班的直达航班资讯

承运公司	航班号	班次	路线	出发时间	到达时间		实际北京时间
南方航空	CZ381	每天均有	广州→布里斯班	21:20	夏令时	8:30	次日5:30
					冬令时	7:30	
国泰航空	CX157	每天均有	香港→布里斯班	12:35	夏令时	23:15	20:15
					冬令时	22:15	
澳大利亚航空	QF098	每天均有	香港→布里斯班	19:30	夏令时	6:20	次日3:20
					冬令时	5:20	

从机场到布里斯班市

布里斯班的机场是布里斯班国际机场，它是布里斯班唯一的民用机场，也是澳大利亚第三繁忙机场，仅次于悉尼、墨尔本机场。布里斯班国际机场主要为布里斯班市和周边地区提供服务，从中国飞往布里斯班的航班也停靠在此。

从布里斯班机场出发

布里斯班国际机场是布里斯班市的主要机场，也是澳大利亚最繁忙的机场之一。从该机场前往布里斯班市区可乘坐机场列车和Skytrans列车等交通工具。

■ 地址：Queensland, Brisbane Airport The Circuit ■ 网址：www.bne.com.au

布里斯班国际机场至布里斯班市的交通		
名称	机场列车	Skytrans列车
电话	07–32163308	07–33589700
运行时间	周一至周五5:20～20:00，周六、周日6:00～20:00	5:45～24:00
发车间隔	高峰期15分钟1班，非高峰期30分1班	30分钟1班
经过区域	罗马街客运中心、中央车站	布里斯班市区、黄金海岸
票价	17.5澳元	到布里斯班市区成人12澳元，儿童8澳元；到黄金海岸成人39澳元，儿童18澳元
网址	www.airtrain.com.au	www.skytrans.com.au

亲子行程百搭

市内百搭

海岸之旅

从布里斯班市中心自驾从George St.驶入Pacific Motorway，继续沿Pacific Motorway开往Woolloongabba，沿Main St./State Route 15行驶可到。全程3.2千米，用时4分钟

❶ 袋鼠角 Kangaroo Point 1.5小时

自驾行驶1.3千米，用时2分钟

❷ 故事桥 Story Bridge 1.5小时

走M1驶入Mooloolaba Road出口驶出，继续沿Sugar Rd.行驶，走Maud St.驶入Maroochydore的State Route 6。全程106千米，用时1小时16分钟

❸ 阳光海岸 Sunshine Coast 3小时

休闲之旅

在Roma St. Station站或中央车站乘坐公交车在South Brisbane站下/自驾前往

❶ 南岸公园 South Bank Parkland 1.5小时

沿Milton Rd/State Route 32驶入，从M5的FIG TREE POCKET Rd.出口驶出，用时17分钟

❷ 龙柏考拉保护区 Lone Pine Koala Sanctuary 2小时

从Gunnin St.和Fig Tree Pocket Rd.驶入M5，走National Highway A15驶入Warwick的Fitzroy St.开往Fitzroy St.，全程149千米，用时1小时42分钟

❸ 奇拉巴牧场 Cherrabah Homestead 3小时

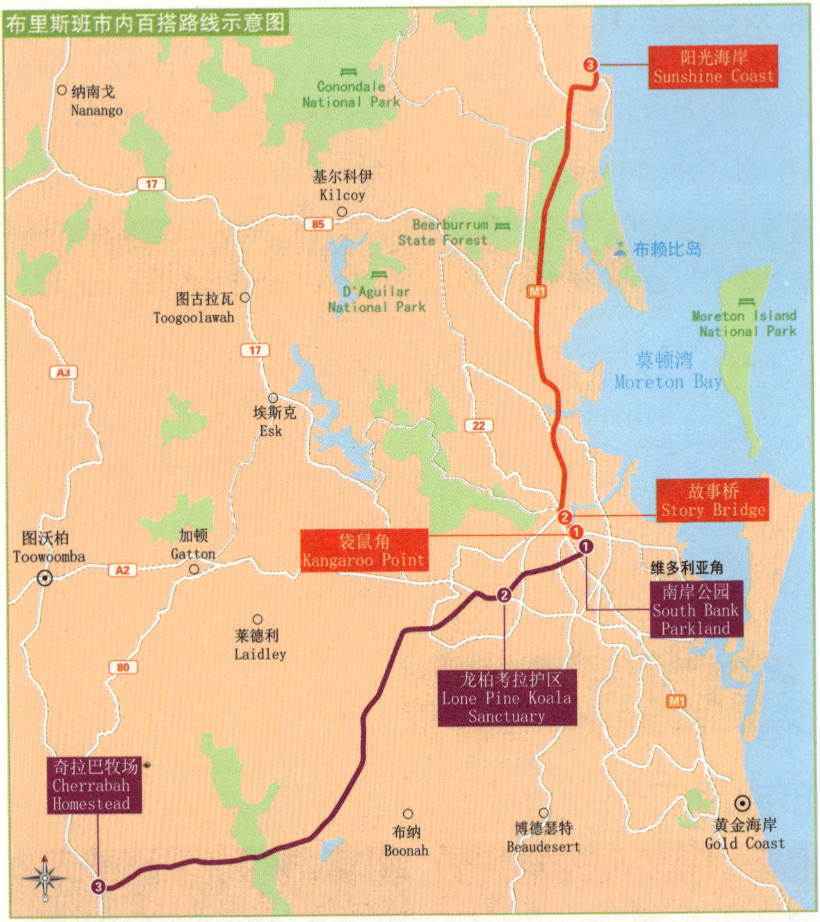

布里斯班市内百搭路线示意图

阳光海岸 Sunshine Coast
Conondale National Park
纳南戈 Nanango
基尔科伊 Kilcoy
Beerburrum State Forest
布赖比岛
D'Aguilar National Park
图古拉瓦 Toogoolawah
Moreton Island National Park
莫顿湾 Moreton Bay
埃斯克 Esk
故事桥 Story Bridge
袋鼠角 Kangaroo Point
图沃柏 Toowoomba
加顿 Gatton
维多利亚角
南岸公园 South Bank Parkland
莱德利 Laidley
龙柏考拉护区 Lone Pine Koala Sanctuary
奇拉巴牧场 Cherrabah Homestead
布纳 Boonah
博德瑟特 Beaudesert
黄金海岸 Gold Coast
17
85
M1
A3
22
A2
80

周边百搭

布里斯班周边百搭路线示意图

趣味之旅

乘坐21、709、740、745等多路公交车或从黄金海岸商业区步行15分钟即达，或自驾前往

❶ 冲浪者天堂 1小时

Surfers Paradise

从Beach Rd.驶入Ferny Ave./Gold Coast Hwy/State Route 2开往Main Beach，再沿Seaworld Dr.开往目的地。全程6.4千米，用时11分钟

❷ 海洋世界 1.5小时

Sea World

走Seaworld Dr.、Gold Coast Hwy/State Route 2和State Route 10驶入Gaven的Pacific Motorway。从State Route 10驶出，行程25.8千米，用时25分钟

❸ 梦幻乐园 1.5小时

Dream Paradise

可步行前往

❹ 梦幻世界 1.5小时

Dream World

步行450米即到

❺ 激浪世界 1.5小时

White Water World

沿着Pacific Motorway/M1至60出口驶出，走Entertainment Rd.开往Oxenford的目的地。全程6.8千米，用时8分钟

❻ 狂野水世界 1小时

Wetn Wild Water World

1. 南岸公园：带孩子看表演
2. 布里斯班森林公园：亲近大自然
3. 袋鼠角：玩转各种精彩活动
4. 黄金海岸：游乐场之旅
5. 阳光海岸：沙滩玩耍

南岸公园

南岸公园（South Bank Parklands）位于布里斯班河南岸，是一个带状的公园，被誉为澳大利亚最好的市内公园。园内清澈的水质和碧绿的树林相得益彰，还有树林、人工沙滩、户外烧烤以及野餐等设施。在这里，一家人可以乘着游轮欣赏河岸景致，或者在广场上观看街头表演，还可以走进电影院看场超大银幕的电影，切身体会布里斯班人悠闲的生活方式。

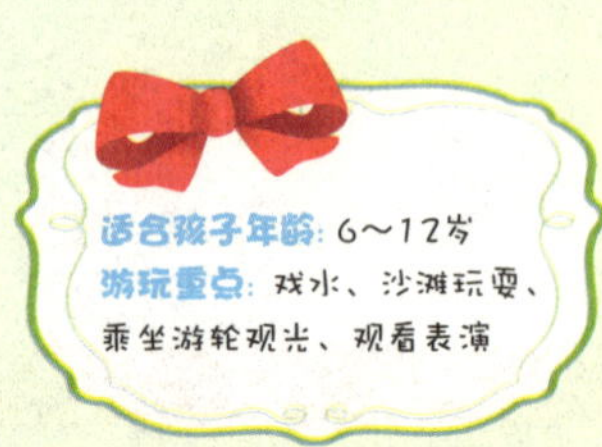

亲子旅行资讯

- Ground Floor,Stanley Street Plaza/ Stanley St., Brisbane
- 乘坐Citycat或内城轮渡Inner City Ferry，或者穿过连接南岸和城市植物园的Goodwill Bridge桥步行而至；还可以从Roma St. Station站或中央车站乘坐公交车在South Brisbane站下
- www.visitsouthbank.com.au
- 日出至日落
- 07-31566366

袋鼠角

袋鼠角（Kangaroo Point）位于布里斯班河南岸的河套高地之上，是俯瞰美丽的布里斯班河和对岸繁华建筑群的最佳之地。袋鼠角里并没有袋鼠，这里的袋鼠角悬崖是一个天然攀岩场，游客可以尝试高难度的攀岩。这里还有很多丰富多彩的活动，父母可以带孩子乘皮划艇夜游布里斯班河。

适合孩子年龄： 6～12岁
游玩重点： 乘坐皮划艇观赏夜景

亲子旅行资讯

- Kangaroo Point,Brisbane
- 搭乘渡船前往
- www.kangaroopoint.com.au
- 免费
- 全天开放

故事桥

故事桥（Story Bridge）是布里斯班的一个地标性建筑，是游客“到此一游”必去的景点之一。故事桥上没故事，但是攀登大桥已经成为游客到这里的必玩项目。黄昏时分在故事桥上可以看到笼罩在绚丽晚霞下的整个布里斯班城，夜晚整座桥都会亮灯，桥上的风景一定会让你叹为观止。故事桥在1992年被昆士兰州列入《世界遗产名录》。

适合孩子年龄： 8～12岁
游玩重点： 在桥上欣赏夜景

亲子旅行资讯

- State Route 15,New Farm,Brisbane
- 搭乘公交车到中央车站或是女王街商业街站下，换乘环城免费Loop巴士到Riverside下，再搭轮渡到CT White Park站下
- 无须门票，但是攀登需要另收费
- 全天开放

潮爸辣妈提示

小孩是不适宜攀登故事桥的，但可以在夜晚来桥上观看布里斯班美丽的夜景。如果家长攀登的话，必须提前预约，当地规定要在攀登开始前的15分钟左右到达，到达之后首先由专业严谨的教官讲解攀登的路线和安全措施。

龙柏考拉保护区

龙柏考拉保护区（Lone Pine Koala Sanctuary）是澳大利亚最大、最古老的考拉保护区。在这里，游客有机会尽赏考拉百态。这里的考拉，有伸着胖胖的前臂抱着树干的，有被游客抱着的，有吊在树上的，有吃着桉树叶好奇地注视着游客的等。除了和考拉玩，在这里还可以亲手喂袋鼠和鸸鹋，或者近距离观看袋熊、袋獾、鳄鱼、绵羊和其他澳大利亚本土动物。这里的鸟类也不怕人，甚至有五彩的雀鸟会飞到你的手心里吃食。

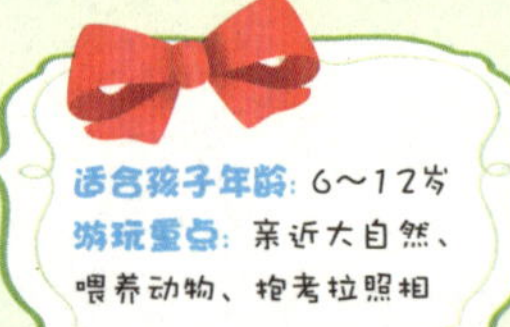

亲子旅行资讯

- 708 Jesmond Rd., Fig Tree Pocket
- 乘坐430、445路公交车可直达
- www.koala.net
- 成人36岁澳元，3～13儿童22澳元，家庭85澳元（2名成人+多达3名儿童）
- 9:00～17:00，澳纽盟军纪念日（4月25日）13:30～17:00
- 07-33781366

潮爸辣妈提示

门票里面不包含与考拉拥抱项目，但是你会得到一张官方的与考拉拥抱的照片，如果你付费了，就可以拍你与考拉拥抱的照片，而且拍照的数量不限。小孩来到这里是很开心的，可以尽情和小动物们近距离接触，但是摸完考拉需要在水池边洗手，以确保卫生安全。

澳大利亚羊毛乐园

澳大利亚羊毛乐园（Australian Wool-shed）位于布里斯班市西北方14千米处，是布里斯班最知名的旅游牧场。游客在此可以参观当地人剪羊毛的表演以及纺羊毛的工艺，也可以亲自尝试着挤牛奶、喂袋鼠，还可以抱着胖墩墩的考拉玩耍。这些丰富多彩的澳大利亚特色的农庄旅游节目，每天都吸引着大批游客前往。

适合孩子年龄：6～12岁

游玩重点：观看表演、抱考拉

亲子旅行资讯

- Woolshed St., Ferny Hills
- 乘坐公交397路至England Rd. near Pylara Cr站下车即到
- www.auswoolshed.com.au
- 20.9澳元
- 8:30～16:00，除圣诞节、澳新军团日早上不开放

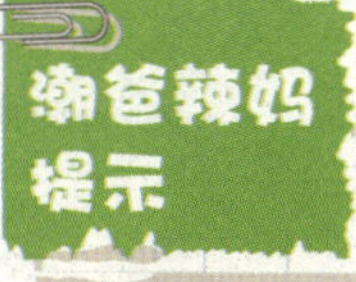

在这个澳大利亚羊毛乐园中，孩子们可以参加很多有趣的活动，如学着管理员有模有样地给牧羊剪毛、挤牛奶和喂养袋鼠。

布里斯班森林公园

适合孩子年龄：6～12岁
游玩重点：亲近大自然、观赏鸟类、喂食小动物

布里斯班森林公园（Brisbane Forest Park）位于布里斯班的西北方，这片自然丛林隐藏在偏远的峡谷中，有着广阔的亚热带雨林和杂乱的胶林地。这里鸟类众多，环境清幽，是市民经常光顾的休闲场所。公园内有着众多短至几百米，长达几千米的徒步路径。在步行路径旁的餐馆，白天可以坐在丛林环抱的看台上与翠鸟嬉戏，晚上可以喂食负鼠。

亲子旅行资讯

- Mt Nebo Rd., Enoggera Reservoir,Brisbane
- www.epa.qld.gov.au
- 周一至周五9:00～16:15，周六至周日9:00～16:30
- 07-33004855

潮爸辣妈提示

公园入口处设有信息中心，可以提供公园地图及有关的露营信息。游客想在公园露营，必须在到达之前通过EPA获得露营许可，同时游客还需要一辆自行车，光靠步行是难以到达露营地的。

黄金海岸

黄金海岸（Gold Coast）位于布里斯班以南约78千米处，是由数十个美丽沙滩组成的度假胜地，也是全球公认的十大最美海滩之一。这里的沙质细软，海水湛蓝，还有风格迥异的主题乐园，如华纳兄弟电影世界、海洋世界及梦幻世界等。黄金海岸也是世界著名的冲浪胜地，素有“冲浪者天堂”之称，每年都有世界级的冲浪赛事在此举行。除此之外，黄金海岸还聚集众多国际名牌店和购物中心，拥有来自天南地北的美食，这使其每年都会吸引数以百万计的游客前来游玩。

亲子旅行资讯

- 布里斯班以南约78千米处，北起South Port，南至Currumbin
- 从布里斯班市区乘火车到Henlensvale站，再乘坐709路公交车可到

潮爸辣妈提示

如果孩子不会游泳，还是建议最好不要体验水下游玩项目，以免发生危险。另外，要特别注意的是，如果孩子想触摸海洋动物，最好有爸妈陪伴，例如像海胆这样的海洋动物，它有比较尖锐的棘刺，因此应注意照顾好孩子，以免被刺伤。

冲浪者天堂

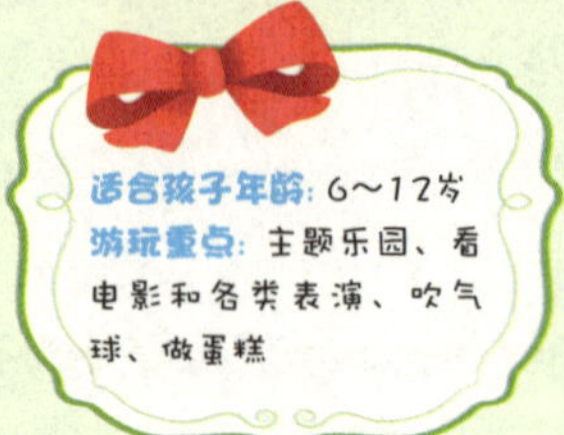

冲浪者天堂（Surfers Paradise）位于黄金海岸的中心地带，是澳大利亚最著名的度假胜地之一。这个极具野性和张力的地方，9月份会举行儿童活动周，在这段时间内会为儿童开展丰富的活动，包括吹气球、做蛋糕和观看各类表演。同时室内活动也不少，如在模拟驾驶舱内成为副驾驶，体验包括起飞、翻转到降落的全过程。

亲子旅行资讯

- Surfers Paradise, Queensland
- 乘坐21、709、740、745等路公交车或从黄金海岸商业区步行15分钟即达
- www.surfersparadise.com
- 免费
- 全天

华纳电影世界

适合孩子年龄：6～12岁
游玩重点：大片体验之旅、童话天地穿行

华纳电影世界（Warnor Bros Movie World）是南半球唯一的一个电影世界乐园。在这里，孩子可以过一把在大片中当主角的瘾，蝙蝠侠、超人等经典银幕形象会随时随地出现在你面前；可以参与惊险刺激的“蝙蝠侠极速之旅”；可以在童话天地中穿行，与兔巴哥等卡通明星约会，它们会热情邀请你一同玩耍，令你瞬间忘却旅途的疲劳。

亲子旅行资讯

- Pacific Motorway, Oxenford
- 搭乘公交车在Movie World站下
- www.movieworld.com.au
- 成人79澳元，儿童64澳元
- 9:30～17:00，娱乐设施10:00～17:00

梦幻世界

梦幻世界（Dream World）是最具澳大利亚本土特色的主题乐园，也是澳大利亚占地面积最大的主题公园。梦幻世界集澳大利亚之精华于一地，有令人无比惊惧的游乐项目、天然质朴的野生动物园区以及澳大利亚原住民的各种表演等。这里还是500多只本土野生动物及鸟类的乐园。孩子在这里除了能搂抱考拉，亲手喂食袋鼠，还可以和白老虎合影呢。

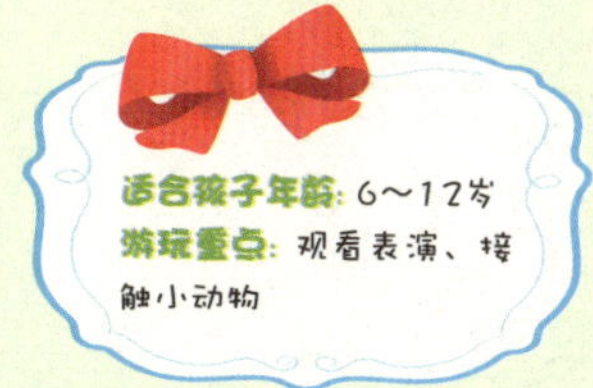

适合孩子年龄：6～12岁
游玩重点：观看表演、接触小动物

亲子旅行资讯

- Dreamworld Pkwy, Coomera
- 乘坐TX1、TX2、TX5、725等路公交车即到
- www.dreamworld.com.au
- 成人95澳元，3～13岁儿童85澳元
- 10:00～17:00，圣诞节不开放

阳光海岸

阳光海岸（Sunshine Coast）的海岸线间阳光明媚、沙滩绵延不断。黄金海岸以游乐设施著称，阳光海岸则以悠闲景致见长。在这里，人们可以欣赏到最贴近自然的风景，沐浴温暖的阳光和漫步在干净柔软的沙滩之上。这里还有很多娱乐项目，一家人既可以逛逛游览区商店与工艺品店，也可以去打高尔夫球和尝试各种水上活动，还可以参加费沙岛的一日游。

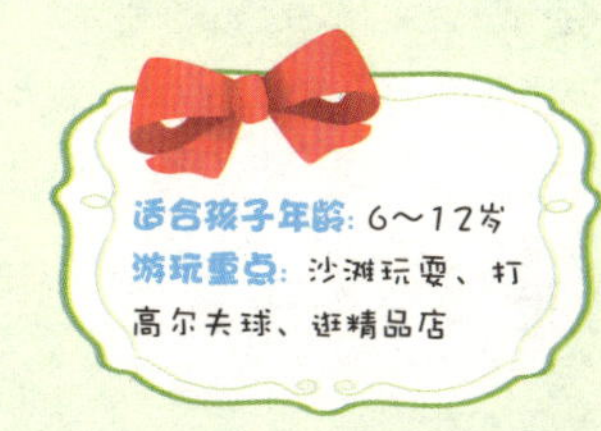

适合孩子年龄：6～12岁
游玩重点：沙滩玩耍、打高尔夫球、逛精品店

亲子旅行资讯

- 布里斯班北部96千米处
- 从布里斯班乘灰狗巴士或乘Suncoast Pacific提供的班车前往
- 免费
- 全天

摩顿岛

摩顿岛（Moreton Island）是世界上最大的沙洲岛之一，因有野生海豚而闻名世界，所以又称“海豚岛”。摩顿岛是游客度假胜地，整座岛屿都由沙子组成，并且大部分都是国家级公园景观，也是自然生物的保护地。旅游爱好者带上孩子乘船来到这里，可以体验滑沙的乐趣，还可以在清澈明净的海域中享受游泳。附近海水中的海洋生物景观也非常壮观，乘游船可以看到海龟、蝠鲼等各种海底奇珍。另外，在此还可以看见海豚嬉戏，并可以给野生海豚喂食。

亲子旅行资讯

- 昆士兰州东南岸外
- 乘坐Tangalooma公司的船可到
- www.derm.qld.gov.au
- 07-34082710（摩顿岛信息中心）

布里斯班其他景点推荐			
中文名称	英文名称	地址	网址
布里斯班市政厅	Brisbane City Hall	64 Adelaide Street, Brisbane City	www.brisbane.qld.gov.au
南岸公园集市	Lifestyle Market	Stanley St.Plaza,South Brisbane	—
希路美酒庄	Sirromet Winery	850-938 Mount Cotton Rd., Mount Cotton	www.sirromet.com
布里斯班圣约翰大教堂	St. Johns Cathedral	373 Ann St., Brisbane	www.stjohnscat-hedral.com.au
昆士兰现代美术馆	Queensland Gallery of Modern Art	Stanley Pl., South Brisbane	www.qagoma.qld.gov.au
科学中心	Scien Centre	Level 1 of Queensland Museum, On the corner of Grey and Mel-bourne Streets, South Brisbane	www.southbank.qm.qld.gov.au

跟孩子吃什么

海鲜、生蚝、泥蟹、龙虾等，这些是来到布里斯班之前，便会在脑海中闪现美食。的确，无论是高档餐厅还是街边小餐馆，在布里斯班，餐厅中的每一样美食都是非常美味的，且最大的特色就是可以在户外就餐，一边品尝美食一边欣赏美景，再加上一杯最著名的葡萄酒，那必然是一场难忘的美食之旅。你可以先带孩子去品尝布里斯班本土代表性美食，然后再去各餐厅品尝心仪的甜点。

布里斯班的特色美食

布里斯班是一个著名的海滨城市，同时也是一个美食之城。在这里，你可以尝遍人间美味。布里斯班靠海，所以海鲜就很自然的成了各种美食的主角，如小龙虾、生蚝、泥蟹（Mud Crab）等。布里斯班最著名的点心是昆士兰的一种非常传统的肉派，其口味咸甜适中，味道很不错。此外，布里斯班的葡萄酒也是非常有名的。

布里斯班的特色美食	
特色美食	介绍
昆士兰肉派	酥皮包裹着肉馅的昆士兰肉派，是一款澳大利亚传统的美味小吃，现在已经开发了很多不同的品种和口味，如苹果派、浆果派、牛肉派、鸡肉派等，有荤有素，有甜有咸
莫瑞顿小龙虾	莫瑞顿小龙虾是布里斯班很有代表性的海鲜美食，与澳大利亚小龙虾齐名。它肉质鲜美，多种烹调方法都无法掩盖其鲜味，在布里斯班的很多餐厅都能品尝到
布里斯班葡萄酒	布里斯班的葡萄酒清澈、爽口，并且口味也非常独特，含有一种水果味的酒是最值得品尝的；当地的酒吧里饮酒的人很多，原因在于这里有专业的调酒师和温馨的环境
雷明顿蛋糕	雷明顿蛋糕用黄油蛋糕做底，然后在外面裹上一层软巧克力外衣，再沾上均匀的椰丝，如果搭配自己喜欢的奶油或者果酱，味道会更加独特
泥蟹	活的泥蟹（Mud Crab）呈深青色，熟了之后变成红色，其味道与海蟹差不多。在昆士兰只有15厘米以上的泥蟹才可以被打捞，并且多是公蟹，在布里斯班的一些大型超市都可以买到，清蒸或爆炒的味道都不错

孩子最喜欢的餐厅

布里斯班是美食的天堂，在这里可以尝到世界各地的美食。靠近海岸的布里斯班海鲜种类丰富，尤其是泥蟹，最值得一尝。除了澳大利亚海鲜之外，欧洲风味的餐厅和亚洲风味餐厅随处可见。带孩子来布里斯班，一定不可错过著名的昆士兰点心，这是一种非常传统的肉派，口味咸甜适中，味道很不错。

Jackpot Dining

这是一家平价中餐馆，主要提供盖浇饭、炒面、炒菜等。其菜肴都是采用新鲜的食材用传统的烹饪方式制作而成的，非常具有中国味道。现有四家分店，分别位于Brisbane City 、 Albert Street、Toowong和West End。

- 地址：96 Albert Street, Brisbane
- 网址：www.jackpotdining.com.au
- 人均消费：约10澳元

Oskars On Burleigh

这家餐厅位于黄金海岸的冲浪者海滩上，美味海鲜和没有农药的蔬菜是这里的特色。据说，这家餐厅的厨师曾获得许多殊荣，很多名人都会来这里就餐。在黄金海岸玩了一天到这里品尝新鲜的海鲜，遥望海景真是不错。

- 地址：43 Goodwin Terrace, Burleigh Heads
- 电话：07-55763722
- 网址：www.oskars.com.au

布里斯班其他餐厅推荐

名称	地址	电话	网址
IL-centro	Eagle Street Pier, 6/1 Eagle St., Brisbane	07-32216090	www.il-centro.com.au
Giardinetto Italian Restaurant	366 Brunswick St., Fortitude Valley	07-32524750	giardinetto.com.au
Mondo-Organics	166 Hardgrave Rd., West End	07-38441132	www.mondo-organics.com.au
Customs House Restaurant	399 Queen St., Brisbane	07-33658999	www.customshouse.com.au

和孩子住哪里

布里斯班的住宿地有很多，包括各种档次的酒店和旅馆，但条件相对于悉尼、墨尔本来说要差一些。布里斯班现有的酒店大都是比较老的，主要星级酒店分散在市中心，交通比较方便，一些比较经济的酒店和旅馆大都离市中心要远一些。带孩子来布里斯班，选择的住宿应当是舒适、温馨、距离市中心比较近为宜。

阿斯特曲亚特图公寓

阿斯特曲亚特图公寓（Quattro On Astor）距离商场、餐馆和娱乐场所仅10分钟的步行路程，交通非常方便。酒店拥有一个温水游泳池、热水浴缸和桑拿浴室，同时所有公寓都设有私人阳台和一个设备齐全的厨房。

- **地址**：107 Astor Terrace, Spring Hill, Brisbane
- **网址**：www.quattroonastor.com.au
- **电话**：07-38329009

奥克斯夏洛特塔酒店

奥克斯夏洛特塔酒店（Oaks Charlotte Towers）位于布里斯班中心，距离布里斯班河和市植物园有10分钟步行路程。酒店内设有带私人阳台并有能欣赏布里斯班河景或城市景观的自炊式客房，公寓内有洗衣设施以及带微波炉和冰箱设备齐全的厨房。

- **地址**：128 Charlotte St., Brisbane
- **网址**：www.oakshotelsresorts.com
- **电话**：07-30278400

布里斯班其他住宿地推荐

中文名称	英文名称	地址	网址	电话
万豪酒店	Marriott Hotel	515 Queen Street, Brisbane	07-33038000	www.marriott.com
峰会酒店公寓	Summit Apartment Hotel	32 Leichhardt Street, Spring Hill, Brisbane	07-38397000	www.thesummitapartments.com.au
花园城市酒店	Travelodge Garden City	18 Macgregor Street, Upper Mount Gravatt, Brisbane	07-33477400	www.tfehotel.com.

给孩子买什么

在布里斯班购物是一种享受，一边享受这里的好天气，一边买自己喜欢的东西，这是很多旅游者热衷的事情。布里斯班非常适合带着孩子一起前往购物，大大小小的商店中有非常吸引孩子的服饰、水果和游玩的装备。带着孩子前往游玩时，先给他们买些喜欢的东西是十分有必要的，这样孩子肯定会很开心，父母的购物也会很顺畅。

在布里斯班买给孩子的礼物	
特色商品	介绍
兽皮制成的衣饰	布里斯班机场的免税店内有许多由兽皮制作的衣服，保暖性非常好
丛林服饰	布里斯班有非常具有特色的丛林服饰，简单而亮丽，非常受小朋友们的喜爱
冲浪装备	冲浪板是冲浪最重要的器材之一，可以给孩子买一个短板，还可以给孩子备一套服饰，防水母、保暖及防日晒，非常酷
果仁、水果和干果	布里斯班属于亚热带地区，盛产热带水果，可以给孩子带回来一些特色水果或是干果，也千万不要忘了让孩子品尝

不可错过的购物地

布里斯班是一座充满时尚氛围的都市，到处都洋溢着热情、活力和无限的创造力。这里从有着众多著名的顶级设计师作品的皇后街到汇集流行元素的街道，两旁均商店林立，极具布里斯班的特色。另外，周末的各种露天市场，也是不可错过的淘宝胜地。在那里可以买到各种名贵矿石、原住民手工艺品、羊皮制品、木制品、冲浪装备和昆士兰果仁等。

● 皇后街购物中心

皇后街购物中心（Queen Street Mall）是布里斯班市中心最热闹的地区，汇集了500多家百货公司、专卖店、时装店、纪念品店、食品店、餐厅、酒吧、咖啡馆和娱乐场所。其宏伟的气势彰显了它女王般的购物地位，

使之成了国际高端品牌的集中地，以及别具奢华氛围的购物中心。

■ 地址：141 Queen St., Brisbane
■ 交通：乘坐免费循环巴士或公交车46、47、48、104、109、110、116路在皇后街（Queen Street）站下车 ■ 网址：www.bnecity.com.au
■ 开放时间：周一至周五9:00～18:00，周五延长至21:00；周六9:00～17:30；周日10:00～18:00
■ 电话：07-30066200

潮爸辣妈提示

街头的杂耍表演值得停下来观看，同时交通信号盒也会给你意外的惊喜，约700个的信号盒上都有手绘的美丽图案，很有特色。

布里斯班拱廊

布里斯班拱廊（Brisbane Arcade）位于皇后街上，是布里斯班最古老的百货商场之一，建于1923年，为维多利亚风格拱廊。

■ 地址：160 Queen Street, Brisbane
■ 交通：乘坐公交车116、124、125、174、175、192、196、199、203、204、230、235、CGLD、N199在阿德莱德街站（Adetaide Street Stvp）下可到
■ 网址：www.brisbanearcade.com.au
■ 开放时间：周一至周四9:00～17:00，周五9:00～20:00，周六9:00～17:00，周日10:00～16:00，公共假日10:00～16:00 ■ 电话：07-32319777

布里斯班其他购物地推荐			
名称	简介	地址	营业时间
South Bank Lifestyle Market	这里有120个以上的摊位，你可以在这里尽情淘宝，同时还能看见玩飞镖、塔罗牌的人	Stanley Street, bank Stanley Street Plaza, South, Brisbane	周五9:00～17:00，周六10:00～21:00，周日9:00～16:00
南岸公园集市（Lifestyle Market）	集市上卖的大都是布里斯班当地手工打造的家居装饰品、漂亮的传统工艺品以及饱含当地特色的各种物品，当然少不了当地风味美食和各种异域风味小吃	Stanley Street Plaza,South Brisbane	周五17:00～22:00，周六 10:00～17:00，周日 9:00～17:00

在布里斯班的出行

布里斯班的交通非常便利，可以带着孩子体验布里斯班的城市火车、公交车等，没准还能欣赏到街边让人称赞的表演呢。还可以带着孩子开车自驾或者包车游玩，那样时间很充足，孩子也比较容易适应环境。如果想要省心省事一些，可以带着孩子在当地参加旅游团，那样细节的事情就不用再操心了。

公交车

布里斯班有一个很发达的公交网络系统，公交车遍布市内每个角落，有电子指示牌显示车次及首末站。市内公交运营时间6:00~23:00，大部分车的终点站为Queen Street Bus Station和Fortitude Valley；郊区公交车的发车频率及首末时间不固定，出行前需提前确认自己的行程，以免误车。

乘坐公交车既可使用交通卡也可使用车票，公交车上有人找零，有些车辆在高峰时段并不在车上售票，所以提前买票或使用公交卡是比较明智的选择。另外，一些快速公交车，并不是每个站都会停靠，特别是高峰时段。所以在乘坐前最好先和司机确认你所乘坐的车是否会在你前往的目的地停靠。

城市火车

布里斯班的城市火车线路主要从布里斯班市区延伸到机场、周边地区和黄金海岸。这种火车不管你刷Go Card卡还是单独买票，从布里斯班机场到市区都是17.5澳元，市区主要有2个站：中央车站和罗马街Roma Street车站。

城市火车旅游线路推荐	
名称	线路
昆士兰号	布里斯班–普斯莎班（Proserpine）–开恩兹（Cairns）
风情号	布里斯班–开恩兹的热带（Spirit of Tropics）
热带风情号	布里斯班–普斯莎班
荒漠风情号	布里斯班–朗烈治（Longreach）
阳光铁路	布里斯班–开恩游兹（The Sunshine Rail Experience）

出租车

布里斯班出租车非常多，可以搭载你去任何地方。主要的出租车公司是Yellow Cabs和Black & White Cabs。出租车招手即停，空车的车头会亮灯。大多数出租车都会接受现金、信用卡和借记卡支付，并配有GPS装置，不过你最好提前和司机确认他是否知道你要去的地方及路线，如果是比较偏的地方还要看司机愿不愿意前往。此外，出租车都可以提前预订。

布里斯班还有一种绿色出租车。它们会带着你避开市中心车水马龙的地段，让你用一种独特的视角去领略这座城市的特色，车费5澳元起。

出租车公司信息			
名称	地址	电话	网址
Yellow Cab	7 Albion Street,Woolloongabba	13–1924	www.yellowcab.com.au
Black & White Cabs	Brisbane International Airport	13–3222	www.blackandwhitecabs.com.au

渡轮

布里斯班河贯穿整个布里斯班市，所以乘坐渡轮是沿河游览布里斯班的不错选择。布里斯班的主要渡轮有City Hopper和City Cats。其中，City Cats是一种高速的双体船，停靠在南岸（South Bank）和城市中心以及郊外的河畔；City Hopper则是一种更传统的渡轮，主要负责短距离的运输，有更多的停靠站点。

渡轮信息			
名称	运行时间	发船间隔	停靠站点
City Hopper	6:00 ~ 23:00	15 ~ 30分钟	North Quay、Mowbray Park等
City Cats	5:40 ~ 23:45	15 ~ 30分钟	共15个站点，包括昆士兰大学、南岸1号码头和2号码头、New Farm Park等

自行车

布里斯班是非常适合骑自行车游览的城市，沿河建有许多自行车道，你可以沿着这些道路骑自行车游览这座城市。布里斯班市内有很多自行车租赁点，花2澳元注册一天，或者花11澳元注册一周。在你注册的时间段内，可以任意使用租车点的车辆，但是有归还车辆的时间限制。

如何在布里斯班跟团游

到布里斯班旅游，如果想事事不用操心，建议选择跟团游。跟团游的游客，如果已在国内的组团社报了团，就要知道布里斯班当地的地接社是否有接机服务、是否提供行程安排等。如果没有在国内报团，就需要在布里斯班当地报团，但是值得注意的是，游客一定要寻找方便、可靠的旅行团出行。

在布里斯班怎样报团

报团涉及在国内报团和到了目的地报团这2种方式。在本书Part1的出行方式里面，已经介绍了在国内报团的方式和注意事项，可参考P090。这里详细介绍了在布里斯班如何报旅行团，还要注意，在报团前先了解当地有哪些可靠旅行团供选择。

布里斯班的旅行社

布里斯班知名的旅行社并没有悉尼、墨尔本这些大城市多，建议父母前往布里斯班时多做些行前准备和攻略。布里斯班的大部分著名景点都设在市区，各大景点之间的距离很近，如果想前往郊区旅行，自驾是最好的选择。即使外语不好也不用担心，看着路标和特色标志就能找到。下面就介绍下布里斯班当地比较知名的华人旅行社，这里可以用中文与其工作人员沟通，非常方便。

全通旅行社

全通旅行社（All Way Travel Service Pty Ltd）位于布里斯班市中心，是布里斯班市信誉度最好的当地旅行社，主要负责安排布里斯班及周边的旅行线路，有经典之旅、自然风光之旅和精华游等多条线路。其服务周到，价格合理，受到很多客户好评。

■ 地址：Sunnybank Plaza, 358 Mains Road, Sunnybank,Brisbane
■ 电话：07-32169866　■ 网址：www.allwaytravel.com.au

布里斯班知名的地接社

对于带孩子境外游的游客来说，初到一个陌生的城市，肯定有很多的不适。如果在国内已报团，那么在当地有直接的接待社对于父母来说肯定是很有必要的。这样既节省了时间又非常方便，下面简单介绍下布里斯班当地的地接社，供前往布里斯班的游客参考。

澳洲港丽旅行社

澳洲港丽旅行社从事地接服务已有很多年，从中积累的经验也很多。旅行社会根据你的需要为你预订景点、线路。不论你是自助游还是团队旅游，港丽旅行社都会为你提供最佳服务。

■ 地址：2/38 Killarney AV Robina,Brisbane
■ 电话：07-56689131　■ 网址：www.conradholiday.com

延伸游览

布里斯班及周边 自驾游

两地约14.9千米，
耗油约1.05澳元，
用时约17分钟

1 艳阳海滩 Sunny Beach

2 库拉姆海滩 Coolum Beach

两地约22.1千米，
耗油约1.55澳元，
用时约20分钟

3 阳光海岸 Sunshine Coast

Conondale National Park

马莱尼 Maleny

卡拉德拉 Caloundra

85

Beerburrum State Forest

M1

布赖比岛

Moreton Island National Park

D'Aguilar National Park

卡布尔彻 Caboolture

班加里 Bongaree

埃斯克 Esk

北湖 North Lakes

莫顿湾 Moreton Bay

31

58

22

两地约185千米，
耗油约13.05澳元，
用时约2小时5分钟

M1

布里斯班

克利夫兰 Cleveland

北斯特拉德布罗克岛

A2

伊普斯维奇 Ipswich

M2

A15

M1

布纳 Boonah

博德瑟特 Beaudesert

海伦兹维尔 Helensvale

4 黄金海岸 Gold Coast

布里斯班及周边自驾路线示意图

布里斯班及周边自驾

布里斯班非常适合自驾，东海岸的海边和各个主题公园边都有很多免费停车位，市中心的停车位大多需要自助缴费，但是有时间段规定，规定收费时段一般是10:00～16:00，其他时间停车都是免费的。在布里斯班自驾，一定要在车上安装GPS，这样线路比较清晰，而且还可避免走冤枉路，自驾起来更轻松。

布里斯班省钱大比拼

对孩子优惠的景点			
景点名称	孩子玩点	优惠信息	地址
南岸公园	沙滩、表演、游轮、摩天轮	免费	Ground Floor,Stanley Street Plaza/Stanley St., Brisbane
袋鼠角	乘皮划艇游览	免费	Kangaroo Point,Brisbane
龙柏考拉保护区	观赏动物	成人36澳元，3~13岁儿童22澳元，家庭85澳元（2名成人+多达3名儿童）	708 Jesmond Rd., Fig Tree Pocket
澳大利亚羊毛乐园	看动物表演	20.9澳元	Woolshed St., Ferny Hills, Brisbane
布里斯班森林公园	观赏鸟儿、喂养动物	免费	Mt Nebo Rd., Enoggera Reservoir,Brisbane
库塔山自然保护区	爬山、感受自然	免费	Sir Samuel Griffith Dr., Mt Coot-Tha
科学中心	科普知识	成人13澳元，儿童10澳元，家庭套票40澳元	Level 1 of Queensland Mu-seum,On the corner of Grey and Melboume Streets,South Brisbane
罗马街公园	儿童乐园	免费	1 Parkland Blvd, Brisbane
冲浪者天堂	主题乐园、各类表演、做蛋糕	免费	Surfers Paradise,Queens-land
华纳电影世界	童话天地穿行	成人79澳元，儿童64澳元	Pacific Motorway, Oxenf-ord
梦幻世界	表演、接触小动物	成人95澳元，3～13岁85澳元	Dreamworld Pkwy, Coo-mera

畅游世界，在旅行中成长
带孩子游澳大利亚

PART6

带孩子游凯恩斯

凯恩斯作为澳大利亚的海港城市而闻名于世，带孩子游凯恩斯，可以观赏海港繁华的夜景；可以乘坐玻璃底船到海底欣赏形状各异、五彩斑斓的珊瑚礁；可以在热带雨林中徒步穿行探险；可以在棕榈湾欣赏怡人的自然风光；可以在白色柔软的沙滩漫步；可以在原住民文化公园了解澳大利亚古老的原住民文化；可以在具有热带风情的海岛感受世外桃源的美……带孩子去凯恩斯吧，那里集海岛、珊瑚礁、雨林为一体，可以让你感受到现代化城市风格与奇特的自然景观相映成趣的美。

带孩子怎么去

优选直达航班

带着孩子前往凯恩斯旅行，能乘坐直达航班前往是所有父母的需求，目前乘坐飞机从中国直达澳大利亚凯恩斯的城市主要是上海和香港。游客可以参考下面的信息，选择航班。表格中的出发时间是以北京时间为准，到达时间是凯恩斯当地时间。北京时间比凯恩斯时间早2小时（标准时差）。凯恩斯当地时间分夏令时和冬令时，冬令时为标准时间。

从中国到凯恩斯承运直达航班的航空公司主要是国泰航空和中国东方航空，其中东方航空都能够提供中文服务，适合于带着孩子、首次出境游玩的游客。承运需中转航班的航空公司很多，信誉度比较高的有中国国际航空、澳大利亚航空、南方航空公司等，游客可据需求选择。

中国到凯恩斯的直达航班资讯

承运公司	航班号	班次	路线	出发时间	到达时间		实际北京时间
中国东方航空	MU731（季节性开通）	周二、四、六	上海（浦东机场）→凯恩斯	21:00	夏令时	8:00	次日5:00
					冬令时	7:00	
国泰航空	CX103	周二、五、六	香港→凯恩斯	21:25	夏令时	7:35	次日4:35
					冬令时	6:35	

从机场到凯恩斯市

凯恩斯只有一个凯恩斯国际机场，该机场位于凯恩斯以北7千米处的郊区，是澳大利亚第七大繁忙的机场。机场主要提供飞往澳大利亚各大城市和旅游胜地之间的航班，从中国上海和香港直达的航班均降落于此。

从凯恩斯机场出发

凯恩斯国际机场是一个重要的国际机场，担负凯恩斯与各地之间的联系。从该机场前往凯恩斯市区可乘坐机场巴士、太阳棕榈巴士和出租车。

■ 地址：Airport Ave., Cairns ■ 网址：www.cairnsairport.com.au

凯恩斯国际机场至凯恩斯市内的交通			
交通工具	英文	介绍	时间及票价
机场巴士	Airport Shuttle Bus	机场巴士根据目的地分配车，人满即走，直达酒店	十几分钟路程，单程9~10澳元
太阳棕榈巴士	Sun Palm Transport	提供定时的穿梭巴士服务前往市中心、北部海滩、棕榈滩、道格拉斯港和考验角。乘坐地点在国内和国际航站楼的抵港大厅外，电话为07-40871191	6:00 ~23:00，周五、周六24小时行驶，票价单程1.5~9.9澳元
出租车	Taxi	凯恩斯的出租车由Black & White Taxi运营。到达大厅出来，就能看见等候的出租车。预订电话：131008。若是从酒店去机场，最好提前预订，在预订时告知司机接人的时间和地点即可	十几分钟路程，20~25澳元

亲子行程百搭

市内百搭

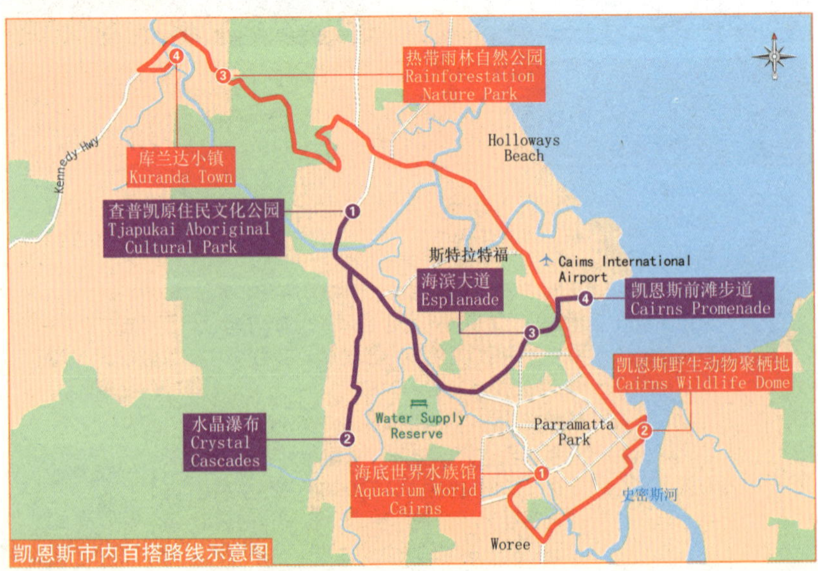

凯恩斯市内百搭路线示意图

观动物之旅

乘坐140、141、142、143、143W、150、150E等路公交车至Cairns Central Shopping Centre C253站下，步行10分钟即到

❶ 海底世界水族馆 2小时

Aquarium World Cairns

乘坐110、110N、111、113、120、120N、121、123、130路公交车至Abbott St C247站下车，直走即到

❷ 凯恩斯野生动物聚栖地 1小时

Cairns Wildlife Dome

走Spence St.驶入National Highway A1继续开往Kuranda的National Route 1，全程24.8千米，用时28分钟

❸ 热带雨林自然公园 2小时

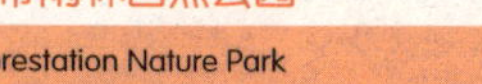

Rainforestation Nature Park

从热事雨林公园步行前往

❹ 库兰达小镇 2小时

Kurande Town

徒步之旅

从National Route 1向西行驶，到National Highway A1向右转，进入Cairns Western Arterial Rd.，全程15.5千米，用时16分钟

❶ 查普凯原住民文化公园 1小时

Tjapukai Aboriginal Cultural Park

沿State Rte 91向北从环岛的3出口上再从环岛的1出口上Redlynch Intake Rd.向左转即到

❷ 水晶瀑布 2小时

Crystal Cascades

从The Rocks Rd.向北行驶，到环岛的1出口上Kamerunga Rd./Stratford Connection Rd.向左转，进入Airport Avenue/Cairns Airport的路标即到

❸ 海滨大道 2小时

Esplanade

从Airport Ave.向南行驶，向左转，进入National Route 1 向右转，进入James St.即到

❹ 凯恩斯前滩步道 2小时

Cairns Promenade

周边百搭

东海岸自驾之旅

沿National Route 1和Captain Cook Hwy/State Route 44开往Palm Cove的Warren St.路，走Cedar Rd.驶入Williams Esplanade即到。全程26.4千米，用时26分钟

❶ 棕榈湾 2小时

Palm Cove

从Williams Esplanade向北行驶，到Caryota Cl，向左转，进入Cedar Rd.，向右转，进入Warren St.，向右转进入Captain Cook Hwy/State Route 44（Mossman的路标）

❷ 凯恩斯热带动物园 2小时

Cairns Tropical Zoo

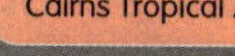

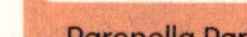

沿Captain Cook Hwy/State Route 44和National Route 1开往Cairns North的Collins Ave.，向右转，进入Collins Ave.即到

❸ 弗莱克植物园 2小时

Flecker Botanic Gardens

沿Pease St.State Rte 91和National Route 1开往Woree的National Highway A1再开往Mighell的River Ave.沿Wangan-South Johnstone Rd.开往Germantown的Innisfail Japoon Rd.即到

❹ 帕罗尼拉公园 2小时

Paronella Park

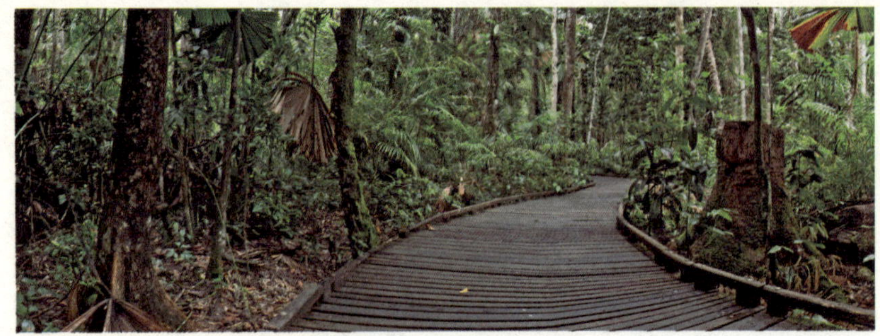

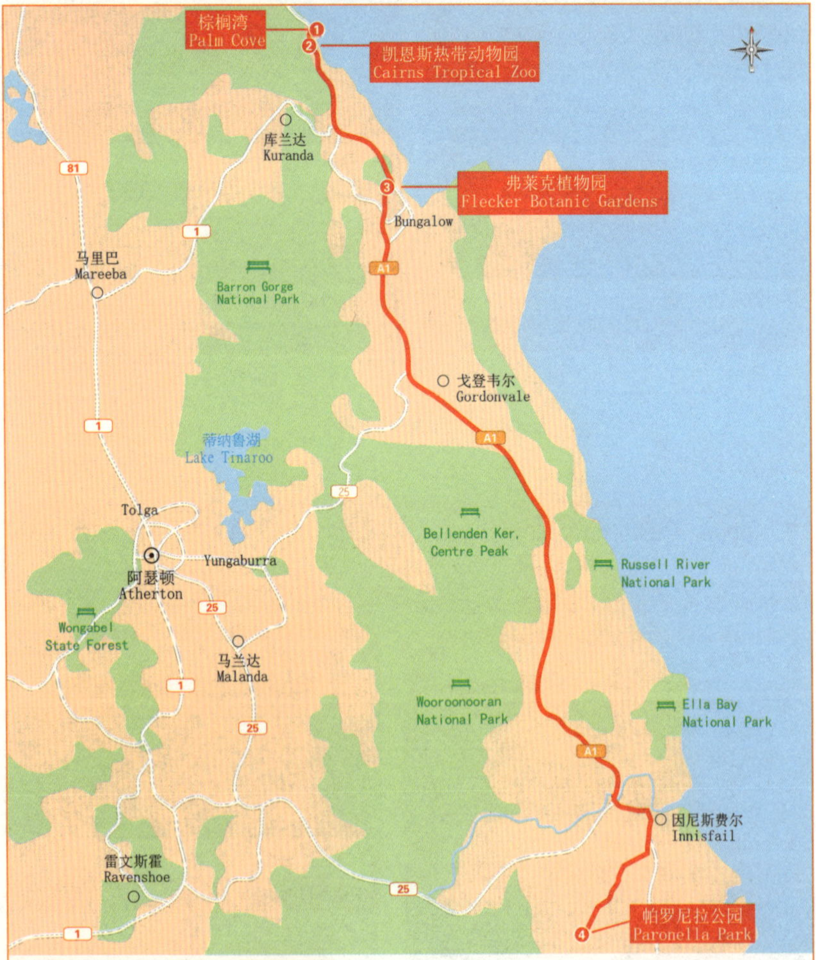

棕榈湾
Palm Cove
凯恩斯热带动物园
Cairns Tropical Zoo
库兰达
Kuranda
弗莱克植物园
Flecker Botanic Gardens
Bungalow
81
1
马里巴
Mareeba
A1
Barron Gorge
National Park
戈登韦尔
Gordonvale
1
A1
蒂纳鲁湖
Lake Tinaroo
25
Tolga
Bellenden Ker,
Centre Peak
Yungaburra
Russell River
National Park
阿瑟顿
Atherton
25
Wongabel
State Forest
马兰达
Malanda
1
Wooroonooran
National Park
Ella Bay
National Park
25
A1
因尼斯费尔
Innisfail
雷文斯霍
Ravenshoe
25
1
帕罗尼拉公园
Paronella Park

凯恩斯东海岸自驾之旅路线示意图

亮点

1 库兰达：感受热带雨林的魅力
2 热带雨林自然公园：体验梦幻时光
3 海底世界水族馆：观看海底动物
4 查普凯原住民文化公园：了解原住民文化
5 帕罗尼拉公园：感受梦幻般的美景

库兰达

适合孩子年龄：6～12岁
游玩重点：观赏蝴蝶、乘坐空中缆车、观赏雨林自然公园、观看原住民表演

库兰达（Kuranda）是位于巴伦的一个热带雨林小镇，拥有“童话之地”的美誉。高耸的百年古树、直泻的瀑布、涓涓的小溪流水、珍奇的野生动物，以及道路两旁那随处散发着清香的各色小花，给库兰达勾勒出一幅世外桃源般的美景。这里还有很多吸引人的旅游项目，如库兰达观光列车、天轨空中缆车、雨林自然公园 、澳大利亚蝴蝶保护区、鸟世界、野生动物公园、帕马格瑞原住民文化展等。

亲子旅行资讯

- 1030 Kennedy Hwy., Kuranda Queensland
- 从凯恩斯搭乘风景列车前往，1.5小时便可到达
- 库兰达雨林免费，蝴蝶保护区18澳元，鸟世界18澳元
- 蝴蝶保护区10:00～16:00，鸟世界9:00～16:00

潮爸辣妈提示

每逢周三、周五、周日上午都是库兰达最热闹的时候，因为镇北此时有库兰达市集，喜爱逛街购物的游客，不妨此时前来游玩。

诺曼外堡礁

诺曼外堡礁（Great Barrier Reef Adven-ture）连绵不断，犹如一片又一片的海底森林，不仅面积广阔，而且层次分明，色彩鲜艳，是凯恩斯地区最漂亮的大堡礁。景区内的珊瑚礁参差错落，层层堆叠，或呈球形或呈蘑菇状，像莲蓬，像树杈，还像舒展的灵芝。珊瑚礁有橙色、红色、蓝色，千姿百态，美妙绝伦，宛若传说中的水晶宫。带孩子来到这里，可以通过浮潜的方式轻松窥探神秘的海底世界。

适合孩子年龄：6～12岁

游玩重点：观赏形态各异的珊瑚礁、窥探海底世界

亲子旅行资讯

Spence Street, Cairns

从凯恩斯港口乘游船前往

www.greatadventures.com.au

07-40449944

潮爸辣妈提示

爸妈带孩子来时，需要注意12岁以下孩子禁止参加水肺深潜、海底漫步和海底摩托等项目；晕船的游客需根据自己的身体状况携带晕船药；建议携带帽子、沙滩毛巾、防晒油、泳衣、舒适便鞋、照相机、支付饮品的现金和支付自费活动及购物的信用卡。

热带雨林自然公园

热带雨林自然公园（Rainforestation Nature Park）位于库兰达的热带雨林内，这里提供了多样化的游玩体验，如在陆地上和水里学习雨林生态学；乘坐独有的水陆两栖车穿梭在热带雨林和热带水果园间；露天表演剧场观看帕玛吉利的原住民舞蹈表演；在黄金时代走廊里，体验梦幻时光；在野生动物园与考拉、袋鼠、袋熊和鳄鱼等野生动物亲密接触，并有机会与可爱的考拉照相。

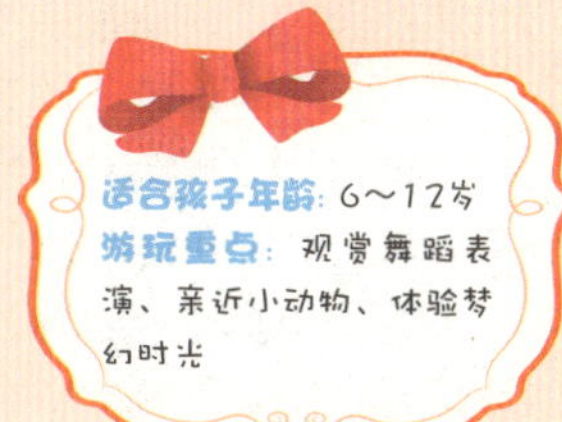

亲子旅行资讯

- 1030 Kennedy Hwy., Kuranda
- 自驾车可到
- www.rainforest.com.au
- 成人45澳元，儿童22.5澳元，家庭套票112.5澳元
- 9:00～16:00，圣诞节不开放
- 07-40939033

海底世界水族馆

海底世界水族馆（Aquarium World Cairns）虽然占地面积小，却有着多姿多彩的珊瑚礁和超过一千种海洋生物。鳄鱼攻击演出是这里最刺激的节目，当你坐在正面看台中的座位上时，便可欣赏到工作人员徒手喂养鳄鱼，并与鳄鱼戏耍，同时还会了解到有关鳄鱼的知识。

亲子旅行资讯

- Grafton St., Cairns
- 乘坐140、141、142、143、143W、150、150E等路公交车至Cairns Central Shopping Centre C253站下，步行10分钟即到
- 成人10澳元，儿童6澳元，家庭票25澳元
- 8:00～20:00

潮爸辣妈提示

前往场馆游玩，注意保护周边环境，切勿大声喧哗。这里还提供与鲨鱼同游项目，但是禁止儿童参加此项目，因其具有一定的危险性。

查普凯原住民文化公园

查普凯原住民化公园（Tjapukai Aboriginal Cultural Park）坐落在凯恩斯以北15千米处，是以古老的澳大利亚原住民文化艺术为主题的公园。园内分为原住民舞蹈音乐剧场、原住民艺术博物馆、美术馆和露天表演场等，在这里一家人可以尽兴地观赏精彩的原住民歌舞表演，欣赏传统的手工艺品、珍贵的美术作品，投掷古老的回力标、狩猎长矛，以及观看人类最原始的取火烧食的演示。文化园内名为"查普凯狂欢之

夜”的夜场则更加有趣，入场后，人们脸上会被绘上油彩，以便于人们能立刻融入原住民中间，与他们一起狂欢。

亲子旅行资讯

- Cairns Western Arterial Road,Caravonica
- 可以从市中心乘坐Sunbus到达
- www.tjapukai.com.au
- （日票）成人62澳元，4～14岁儿童42澳元，家庭票166澳元；（夜票）成人123澳元，4~14岁儿童75澳元，家庭票321澳元
- 8:00～17:00（日票开放时间），19:00～21:45（夜票开放时间）
- 07-40429999

潮爸辣妈提示

澳大利亚的原住民较为保守，一般不喜欢游客替他们拍照，因此切勿贸然偷拍，以免引起误会。此外，标有“禁止拍照”标志的地方，也一定要遵守规定不要拍照。

帕罗尼拉公园

适合孩子年龄：6～12岁

游玩重点：追逐蝴蝶、萤火虫

帕罗尼拉公园（Paronella Park）是一座由热带雨林花园和古城堡遗迹构成的主题公园。它是日本动画大师宫崎骏制作《天空之城》的灵感来源，因此也赢得了“天空之城”的美誉。公园不但有古典美的城堡、有自然美的瀑布、有翠绿的热带雨林、有蓝蝴蝶翩翩飞舞，还有成千上万只萤火虫在树上闪闪发光。帕罗尼拉公园源自一个梦，带着孩子来到这梦境中，一定能够给你们留下一个意想不到的难忘回忆！

亲子旅行资讯

- 1671 Innisfail Japoon Rd., Mena Creek
- www.paronellapark.com.au
- 成人44澳元，5～15岁儿童23澳元，家庭124澳元（2名成人+2名儿童）
- 9:00～19:30
- 07-40650000

凯恩斯前滩步道

适合孩子年龄：8～12岁
游玩重点：散步、滑板、游泳、烧烤

凯恩斯前滩步道（Cairns Promenade）是感受凯恩斯独特魅力之所在，周围的礁湖是凯恩斯最受欢迎的地点之一。礁湖的水和地面相平，敞开在路旁，没有隔离的栏杆或围墙，和地面然成一体，你会感觉走着走着就能走到湖里一般。人们在礁湖里可自在玩耍，或者卷起裤腿在湖边戏水。随处可见在此散步、慢跑、滑板、游泳、晒日光浴、烧烤或在草地上野餐的游客，即使什么都不做，在美丽的景色中放松自己的心灵，也是十分惬意的。

亲子旅行资讯

- Esplanade St., Cairns North
- 乘坐110、111、113、121、130、131路公交车至Sheridan St C225站下车，步行即到
- 免费
- 全天

大堡礁

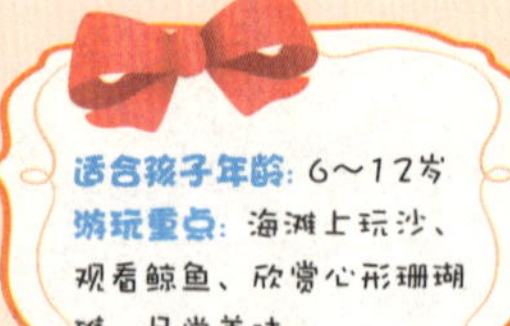

适合孩子年龄：6～12岁
游玩重点：海滩上玩沙、观看鲸鱼、欣赏心形珊瑚礁、品尝美味

大堡礁（Great Barrier Reef）位于澳大利亚东北部，是世界上最大、最长的珊瑚礁群，也是世界七大自然景观之一，又被称为“透明清澈的海中野生王国”，早在1981年列入世界自然遗产名录。这里有2900个大小珊瑚礁岛，自然景观非常特殊，在落潮时，部分珊瑚礁露出水面形成珊瑚岛、在礁群与海岸之间是一条极为方便的交通海路。风平浪静时，游船在此间通过，船下连绵不断的色彩斑斓的珊瑚景色，就成为吸引世界各地游客来猎奇观赏的最佳海底奇观。

亲子旅行资讯

澳大利亚东北海岸，昆士兰州以北

去大堡礁的外堡礁观光一般都是乘船或直升机从凯恩斯大堡礁船队码头和附近出发。乘船需用1～2个小时的时间，乘直升机需用20分钟左右即可抵达外堡礁的海上浮动平台

www.greatbarrierreef.org

免费

全天

07-47500700

潮爸辣妈提示

1.去大堡礁前首先要准备好游泳衣裤，然后带上防晒霜、太阳帽、墨镜、浴巾等物品，身着T恤衫、短裤/裙，脚踏拖鞋就行了。

2.有条件的最好买个一次性的水下照相机（25澳元左右），这样就能把游览大堡礁难忘的精彩场面带回去给亲友们炫耀了。

3.不习惯乘船的人最好带上防止晕船的药片。

4.每年的10月至次年3月，大量的水母会出现在大堡礁水域之中，游玩时一定要小心不要被蜇伤。

5.在大堡礁旅游要注意保护生物。

圣灵群岛

圣灵群岛（The Whitsundays）坐落在大堡礁的中心位置，由74座珊瑚岛屿组成。圣灵群岛可提供从海洋到天空的多种娱乐方式，因而会玩得很尽兴。你可以在圣灵群岛的74个岛屿中选其中几个旅行，进行夜间游以及多种夜间探险等方式。这里最吸引人的艾尔利海滩可提供一系列的游玩方式，包括航海、巡航、独木舟、丛林远足、观景飞行、浮潜、水肺潜水等，这些方式肯定能满足你想寻求自然胜景的梦想。

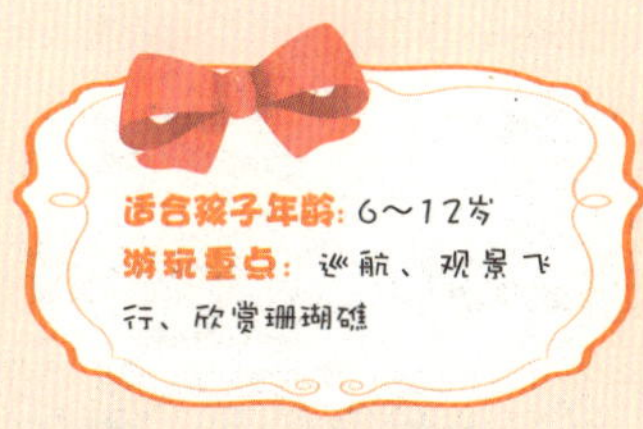

汉密尔顿岛

汉密尔顿岛（Hamilton Island）位于大堡礁的边缘处，是探索圣灵群岛独特热带环境的绝佳之地。这里有美丽的自然环境、平静的水面、温暖的气候、迷人的珊瑚礁和各式各样的动植物。在这里一家人既可以欣赏到澳大利亚的美景，又可以参加许多丰富多彩的娱乐活动，其中最经典的就是探索心形堡礁和最美白天堂沙滩。

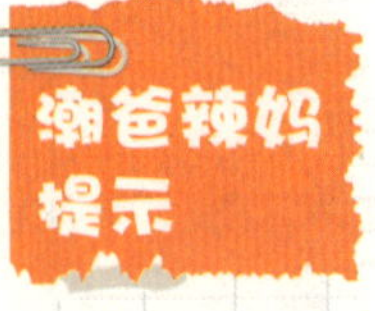

这里虽然有美丽的自然风光和丰富的娱乐活动，但是在这里需要注意的是不要喂鱼，不要触摸珊瑚，也不要把喝空的啤酒瓶扔到海里。

凯恩斯其他景点推荐

中文名称	英文名称	地址	网址
凯恩斯高地	Cairns Highlands	Atherton Tablelands	www.athertontablelands.com.au
凯恩斯博物馆	Cairns Museum	Former Post Office Building,13 Grafton St.,Cairns	www.cairnsmuseum.org.au
油槽艺术中心	Tanks Arts Centre	46 Collins Ave., Edge Hill	www.tanksartscentre.com
凯恩斯地区画廊	Cairns Regional Gallery	40 Abbott Street, Cairns	www.cairnsregionalgallery.com.au
赫伯顿历史村落	Herberton Historic Village	6 Broadway St., Herberton	www.historicvillageherberton.com.au
人工泻湖	Cairns Esplanade Lagoon	52-54 The Esplanade, Cairns	www.cairns.qld.gov.au

跟孩子吃什么

在凯恩斯，不仅能带孩子吃到当地的特色美食，还可品尝到世界各地的美味。你可以带孩子去吃泥蟹、龙虾和鲍鱼等美味的海鲜，无论是清蒸还是油炸，都汁多味美，口感丰实；也可以带孩子去吃新鲜的热带水果，如金黄的菠萝、鲜红的石榴、泛紫的浆果、嫩绿的芭乐等；还可以带孩子去吃炸鱼和薯条，这些都是非常有特色的街边小吃。

凯恩斯的特色美食

凯恩斯靠近太平洋，当地有着非常丰富的海鲜，而且这里的海鲜店数量也非常多，在当地你可以吃到你在外面根本买不到的生蚝、龙虾、老虎虾、泥蟹、鲍鱼等，还可尝到产自凯恩斯旁边热带雨林里面的一些水果。无论是新鲜的水果还是海鲜大餐，在当地都是非常美味的食物。另外，在当地有很多不错的肉类，如肉质鲜嫩的昆士兰牛肉等。

凯恩斯的特色美食	
特色美食	介绍
澳大利亚泥蟹	澳大利亚泥蟹以其个大、肉嫩、味道鲜美举世闻名，尤其是身躯庞大，属于蟹族中的巨无霸。昆士兰盛产泥蟹，且质量极高
鳄鱼肉	凯恩斯本地特有的美味佳肴。鳄鱼肉既有水生动物的鲜美，又有独特的野香，而且具有提高人体免疫力和血液摄氧能力的功效，可极大地提高人体的健康质量
昆士兰牛肉	昆士兰的农牧业有很好的环境，为这里的牛提供了天然饲料，这使得这里的牛肉质鲜嫩，纹理分明。这样的牛肉配上鲜美的酱汁将会搭配出最原始的牛肉滋味
鲍鱼	澳大利亚盛产鲍鱼，但是澳大利亚人不怎么吃鲍鱼。凯恩斯的鲍鱼个头大、味道鲜嫩，在中餐馆能吃到用不同烹饪方式做的鲍鱼
烤肉	在凯恩斯的许多餐厅都可吃到正宗的澳大利亚烤肉，同时烤牛排和鸡肉串都非常受欢迎。若是想自己烧烤可以选择沿海的公园，那里有很多烧烤架
澳大利亚坚果	澳大利亚坚果的经济价值最高，素来享有“干果之王”的美誉。昆士兰州拥有大片的澳大利亚坚果种植地，同时具有很高的食用价值和药用价值，有治疗心血管疾病、抗衰老等作用

孩子最喜欢的餐厅

凯恩斯的餐厅无论是从装修风格还是对食材的选取，都可以看出人们对食物的钟爱。这里鲜美的海鲜大餐、融合意大利风味的意面、热带水果等，都是凯恩斯的特色。在凯恩斯的餐厅用餐时不仅可品尝美味，还可以看到海滨大道上迷人的海景。各式各样的餐厅与这美景交相辉映，再加上餐厅内的料理做得非常精致，在这样的餐厅中就餐一定很惬意。带孩子的游客，赶快和孩子一起去餐厅品尝泥蟹、鲍鱼和五颜六色的热带水果吧。

食通天海鲜酒家

食通天海鲜酒家是一家令人瞠目结舌的中国餐馆，隐藏在凯恩斯闹市之中，在澳大利亚大陆上发扬光大。餐馆老板将鲍鱼和龙虾作为

餐厅的主打，吸引了一批又一批忠实粉丝前来品尝。餐厅内装修充满了中国传统气息，经营点餐和自助餐，几乎天天爆满，是当地华人的福音，也是喜爱中餐的人最常去的餐馆之一。

- 地址：Rydges Plaza Hotel, 32–40 Spence St., Cairns
- 电话：07–40412828
- 网址：www.cafechina.com.au

红奥卡烤肉专卖店

红奥卡烧肉专卖店（Red Ocher Grill）是凯恩斯出名的烤肉餐厅，烤肉原材料选用新鲜的海鲜、各种肉类，再加上特别调制的酱汁，风味独特。另外，在这里可以吃到现烤的鳄鱼肉和袋鼠肉，这也是食客们前往的原因之一。餐厅提供的菜品量很大，价格公道，最主要的是还供应新鲜的热带水果，绝对是凯恩斯首屈一指的好餐厅。

- 地址：43 Shields St.,Cairns
- 电话：07–40510100
- 网址：ochrerestaurant.com.au

凯恩斯其他餐厅推荐

名称	地址	电话	网址
Bushfire Flame Grill	43 Esplanade, Cairns	07–40441879	www.bushfirecairns.com
La Fettuccina	41 Shields Street, Cairns	07–40315959	www.lafettuccina.com
Tamarind Restaurant	35–41 Wharf St., Cairns	07–40308897	www.reefcasino.com.au

和孩子住哪里

凯恩斯作为一个旅游胜地，有各种各样的住宿地供游客选择。凯恩斯虽然是个小城市，但是住宿条件都是相对较好的，经济实惠的旅馆大多在海滨广场及其附近。市中心汇集了很多住宿地，且交通便利，带孩子来澳大利亚，选择这里最适合不过了。因为凯恩斯没有其他城市那样喧闹的噪音，来这里度假，可以享受休闲的假期和美好的时光。

杰克纽厄尔豪华公寓

杰克纽厄尔豪华公寓（Jack & Newell Luxury Apartments）位于凯恩斯码头附近，距离凯恩斯国际机场有15分钟的车程。所有公寓都设有洗衣设施以及配备了洗碗机、微波炉等设备齐全的厨房。客人可以在烧烤区用餐，或者在阳光露台上放松身心。此外，公寓旅游咨询台可预订雨林之旅和前往大堡礁的行程。

- 地址：27–29 Wharf St., Cairns
- 电话：07–40314990
- 网址：www.jacknewellcairns.com.au

瀑布花园酒店

瀑布花园酒店（Cascade Gardens）位于凯恩斯海滨大道附近，距离凯恩斯野生动物园有15分钟的步行路程，距离凯恩斯国际机场有15分钟的车程。酒店内所有空调公寓均铺有木质地板，并设有带炉灶和微波炉的厨房。旅游咨询台可以提供当地餐馆和酒吧，并可预订大堡礁之旅。

- 地址：175 Lake Street, Cairns
- 电话：07–40476300
- 网址：www.cascadegardens.com.au

凯恩斯其他住宿地推荐

中文名称	英文名称	地址	网址	电话
南十字星公寓	Southern Cross Atrium Apartments	3/9–11 Water St.,Cairns	www.southerncrossapartments.com	07–40802700
凯恩斯昆士兰酒店公寓	Cairns Queenslander Hotel & Apartments	267 Lake Street,Cairns	www.queens-landerhotels.com.au	07–40510122
珊瑚树酒店	Coral Tree Inn	166–172 Grafton Street, Cairns	www.coralt-reeinn.com.au	07–40313744

给孩子买什么

凯恩斯除了一些大型的购物中心和百货商店之外，还有很多受欢迎的各种特色产品。想要寻找传统手工艺品的游客可以到集市和露天市场，在那里可以真正地体验到购物的乐趣。喜欢高档商品的游客可以到大型购物中心，里面商品琳琅满目，应有尽有。对于带孩子的游客来说，给孩子买些带有凯恩斯特色的工艺品、巧克力和羊皮制品等都是非常不错的选择。

在凯恩斯买给孩子的礼物	
名称	介绍
凯恩斯巧克力	凯恩斯的手工巧克力口味独特，以比利时巧克力为主，加上凯恩斯特产的芒果、坚果、咖啡等口味的热带巧克力，或是白兰地巧克力，都在当地备受欢迎
手工艺品	原住民手工艺品 、手工制的Jarrah和Blackboy木制雕刻、干晒野花，都是凯恩斯当地特有的手工艺品，很有象征和纪念意义
羊皮制品	澳大利亚的羊毛袜、围巾质量非常好，融合了时尚的设计，新颖的外形，肯定能满足孩子的需要

不可错过的购物地

凯恩斯是购物者的天堂，这里有琳琅满目的商品，从国际奢侈品牌商品到当地的手工艺品应有尽有。在这里分布着很多的购物中心和广场，主要的购物中心汇集在湖街和艾博街上，码头购物中心和三圣港购物中心以休闲和零售、周末集市而闻名；西院广场和史密斯菲尔德购物中心是当地的购物和餐饮场所，这里周末都会有大型的集市，届时有很多的打折商品和廉价精美的东西出售，是购物最集中的时候。

凯恩斯中央购物中心

凯恩斯中央购物中心（Cairns Central Shopping Centre）作为澳大利亚北部热带地区最大的购物区，拥有超过180家的零售店铺。其毗邻凯恩斯车站，里面还有一个Myer专卖店、一个国际食品商店和一个电影院，是当地购物休闲的绝佳去处。

■ 地址：1–21 McLeod St.,Cairns
■ 交通：乘坐火车到凯恩斯站下，对面即是
■ 电话：07–40414111
■ 开放时间：周一至周三9:00～17:30，周四9:00～21:00，周六9:00~17:30，周日10:30～16:00

凯恩斯DFS环球免税店

凯恩斯DFS环球免税店位于市中心，共有二层的营业大厅，是凯恩斯唯一的奢侈品购物场所。其一层主要是销售国际品牌及手表，二层以销售时装及配饰、化妆品及香水、澳大利亚酒类及纪念品为主。

■ 地址：Abbott Street&Spence Street,Cairns
■ 电话：07–40312446
■ 开放时间：12:00～20:00

凯恩斯其他购物地推荐

名称	简介	地址	营业时间
凯恩斯夜市	有超过40个大大小小的商店和大型熟食中心，是购买纪念品的最佳地方；可以体会到浓厚的热带风情和淳朴的民风	Esplanade, Cairns	16:30至午夜
王妃珠宝	售卖澳大利亚特有的、极具个性设计的蛋白石珠宝作品，有15种高档品牌的手表，款式丰富齐全，质量和售后服务都可以保证	53–57 Esplanade, Cairns	10:00～22:00
OK礼品坊	纪念品购物地，有蛋白石珠宝饰品、毛衣、蜂胶、巨泉品牌商品、石阪浩二设计的T恤、白无尾熊等特色商品	61 Abbott St., Cairns	9:00～22:00
崩兹（Bonz）	毛衣采用澳大利亚特产的羊毛制作，柔顺温暖，配上特色手工扣，非常时尚	Cnr. Lake & Spence St., Cairns	周一至周五9:00～22:00，周六至周日10:00～22:00
礁石艺廊	这里销售艺术家创作的作品，以大堡礁等澳大利亚雄伟的大自然为主体的绘画为主，同时玻璃制品、工艺品、雕刻品的种类也很丰富	2 Pier Point Rd., Cairns	周六、日9:00～17:00

在凯恩斯的出行

凯恩斯虽然不大，但是交通很便利，对于带孩子的游客而言，乘坐公交车和出租车出行是非常不错的选择。如果孩子较小，不适合长时间乘坐公交车，因为公交车每站都要停靠，比较浪费时间，不建议带孩子的父母乘坐。想方便快捷可以乘坐巴士和出租车。如果是前往郊区雨林地带，可以乘坐空中缆车游览，这是非常不错的选择。

公交车

凯恩斯城市比较小，在市内可以步行游览，但是如果前往郊区的海滩可以搭乘公交车。在凯恩斯共有4家公交车公司，即Cairns Trans、Marlin Coast Sunbus、Whitecar Coaches、The Beach Bus，其中Whitecar Coaches的线路覆盖了内陆地区阿瑟顿高原方向，Marlin Coast Sunbus的线路覆盖了凯恩斯北部及马琳海岸一带， Cairns Trans主要连接市内周边地区。

相比其他3家公交车公司，The Beach Bus来往于凯恩斯与三圣海滩、棕榈湾和马林海岸等，是最受游客欢迎的公交车运行线路。始发站在市区广场附近的雷克街，每小时一班，主要运行时间为7:55～17:40。

空中缆车

空中缆车（Skyrail）是游览凯恩斯热带雨林的最佳方式之一，同时也是凯恩斯的一道独特的风景线。缆车位于凯恩斯市区北部15千米处，是目前世界上最长的游览缆车。缆车连接库兰达和卡拉沃尼卡湖站，经过拜伦瀑布，游客可以一睹其犹如银河湾地的澎湃汹涌奇景。单程成人39澳元，儿童19.5澳元，家庭97.5澳元；往返成人56澳元，儿童28澳元，家庭140澳元。

如何在凯恩斯跟团游

凯恩斯是一个缤纷、悠闲的城市，除了有茂盛的热带雨林区外，还有绵延活体珊瑚礁群景观、迷人的海岸线、宝石般的岛屿、银色沙滩及蓝色海洋，所以，想要真正体验凯恩斯的美，选择跟团游是最为方便与省心的。而从凯恩斯前往大堡礁，跟团游也能更好地保证旅行的质量。如果没有在国内报团，可以选择在凯恩斯选择一些比较好的华人旅行社。

在凯恩斯怎样报团

报团涉及在国内报团和到了目的地报团这两种方式。在本书Part1的出行方式里面，已经介绍了在国内报团的方式和注意事项，可参考P090。这里详细介绍在凯恩斯如何报旅行团，还要注意报团前先了解当地有哪些可靠旅行团供选择。

凯恩斯的旅行社

凯恩斯知名的旅行社并没有悉尼、墨尔本这些大城市多，建议父母前往凯恩斯时多做些行前准备和攻略。凯恩斯的大部分著名景点都设在市区，相互之间的距离很近，即使是外语不好也不用担心，看着路标和特色标志就能找到。下面就介绍下凯恩斯当地比较知名的华人旅行社，这里可以用中文和其工作人员沟通，非常方便。

澳洲自由行旅行社

澳洲自由行旅行社（F.I.T. Travel Australia Pty Ltd）是一家位于凯恩斯的当地华人旅行社，也是主要以自由行、小团体及背包客为主要服务对象的公司。公司业务由凯恩斯周边发展至全澳大利亚，主要包括网上澳洲行程介绍及预订，免费咨询及量身定做旅游行程及套餐，机场接送提供优惠自由行等。

- 地址：60 Abbott St., Cairns
- 电话：07-55611068
- 网址：www.fittravel.com.au

凯恩斯知名的地接社

对于带孩子境外游的游客来说，初到一个陌生的城市，肯定有很多的不适。如果在国内已报团，那么在当地有直接的接待社对于父母来说肯定十分方便。下面简单介绍下凯恩斯当地的地接社，供前往凯恩斯的游客参考。

PTC澳洲地接社

PTC澳洲地接社创设于1982年，是澳洲政府核准接待海外旅客之优良旅行社，有丰富的旅游业务接待经验，能提供高质量的服务。其以提供给游客最完善的服务为工作目标，深受游客的欢迎，主要情况可登录官网www.ptctravel.net.cn查询。

延伸游览

凯恩斯及周边自驾游

凯恩斯及周边自驾路线

对于在一个有着热带雨林美景的城市游玩的人来说，自驾于路上，收藏沿途美景的同时更会拥有很多美好的回忆。这个城市不大，基本上花1个小时就可以绕CBD走一圈，笔直的街道、宽阔的公路、简朴的建筑物是这座城市最美的元素。自驾至海边，走在滨海大道，悠闲自在，与世无争，简直就是人间天堂。

凯恩斯及周边自驾路线示意图

① 道格拉斯港 Port Douglas

Craiglie

Mowbray

Oak Beach

Hartley's Crocodile Adventures

Mona Mona

两地约42.4千米，耗油约2.99澳元，用时约38分钟

② 克利夫顿海滩 Clifton Beach

两地约7.1千米，耗油约0.5澳元，用时约7分钟

③ 三一公园 Trinity Park

两地约22.1千米，耗油约1.55澳元，用时约25分钟

④ 库兰达小镇 Kuranda

Holloways Beach

凯恩斯省钱大比拼

对孩子优惠的景点			
景点名称	孩子玩点	优惠信息	地址
戴恩雨林	乘坐缆车观赏	免费	Cape Tribulation Road，Cape Tribulation
库兰达	乘坐空中缆车、观赏雨林自然公园、表演	库兰达雨林免费，蝴蝶保护区18澳元，鸟世界18澳元	1030 Kennedy Hwy, Kuranda
诺曼外堡礁	窥探海底世界	免费	Spence Street, Cairns
棕榈湾	骑自行车兜风	免费	Palm Cove, Cairns
水晶瀑布	赏景	免费	The Rocks Rd., Cairns
雨林野生动物庇护所	接触动物	免费	Port Douglas Rd., Port Douglas
热带雨林自然公园	舞蹈表演、体验梦幻时光	成人45澳元，儿童22.5澳元，家庭套票112.5澳元	1030 Kennedy Hwy., Kuranda
澳大利亚蝴蝶避难所	参观展览馆、追逐蝴蝶	成人19澳元，儿童9.5澳元，家庭47.5澳元	Rob Veivers Dr., Kuranda
凯恩斯野生动物聚栖地	观看小动物、追逐蝴蝶	成人34澳元，4~14岁儿童17澳元	Port Douglas Rd.,Port Douglas,Cairns
阿瑟顿高原	欣赏自然美景、体验热气球	免费	Atherton Tablelands, southwest of Cair-ns

续表

景点名称	孩子玩点	优惠信息	地址
费兹洛伊岛	沙滩、蹦床、滑板、划艇	免费	凯恩斯东面
滨海大道	草坪嬉戏、沙滩排球、游泳	免费	Esplanade,Cairns
海底世界水族馆	鳄鱼知识、表演	成人10澳元，儿童6澳元，家庭票25澳元	Grafton St., Cairns
查普凯土著文化公园	表演、参加狂欢之夜	（日票）成人62澳元，4～14岁儿童42澳元，家庭票166澳元；（夜票）成人123澳元，4～14岁儿童75澳元，家庭票321澳元	Cairns Western Arterial Road,Caravonica
弗莱克植物园	观看植物	12.3澳元	Collins Avenue, Edge Hill
凯恩斯热带动物园	喂食袋鼠、看鳄鱼表演、群鸟放飞表演	成人37澳元，4～15岁儿童18.5澳元	Captain Cook Hwy., Palm Cove
帕罗尼拉公园	追逐蝴蝶、萤火虫	成人44澳元，5～15岁儿童23澳元，家庭124澳元（2名成人+2名儿童）	凯恩斯以南120千米处
凯恩斯前滩步道	滑板、游泳、晒日光浴、烧烤	免费	Esplanade, Cairns

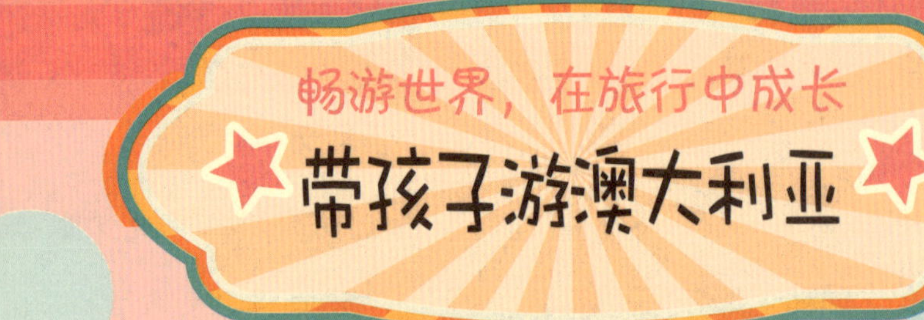
畅游世界，在旅行中成长
带孩子游澳大利亚

PART7

带孩子游其他景点

241 > 247

澳大利亚的国土面积辽阔，除了分布在各城市以及周边的景点，在很多州也有一些值得去看的风景，如卡卡杜国家公园的奇石、爱丽丝泉的沙漠，还有林道薰衣草农场的薰衣草等。

1. 爱丽丝泉：欣赏红土沙漠的壮观美景
2. 卡卡杜国家公园：欣赏石刻、岩画等历史遗迹
3. 菲德尔山国家公园：探索瀑布与热带雨林
4. 乌卢鲁-卡塔楚塔国家公园：感受艾尔斯巨石的独特魅力
5. 大堡礁：欣赏多次多彩的珊瑚景色

爱丽丝泉

适合孩子年龄：6～12岁
游玩重点：观看表演、比赛、乘坐热气球、骑骆驼旅游

爱丽斯泉（Alice Springs）位于澳大利亚中心位置，以其环绕四周的沙漠美景和历史遗产闻名。热爱自然风光的游客可带孩子驱车前往这里，还可以在爱丽斯泉体验很多富有挑战和奇特的旅游项目，如丛林漫步、热气球、骑骆驼旅游，以及在干涸的河床上进行的划船比赛或者热闹非凡的环骆驼竞赛，这一切都很有趣味性。

亲子旅行资讯

✉ 澳大利亚北领地艾利斯斯普林斯

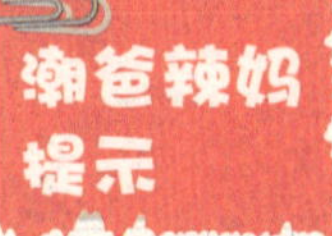

每年10月至次年3月这里阳光猛烈，太阳眼镜和太阳帽以及防晒油是必备的旅游用品。5～9月天气较冷，夜间及早上温度尤其较低，备上外套尤为重要。另外，这里的蚊虫较多，所以最好携带防蚊虫的药品，以免遭受沙漠蚊虫的攻击。

卡卡杜国家公园

卡卡杜国家公园（Kakadu National Park）位于达尔文以东约220千米处，是澳大利亚最大的国家公园之一，也是世界自然与文化遗产之一。这里独特而复杂的生态系统，适合各种动物生活、繁衍。不仅如此，公园内还有记载当时原住民生活和文化的石刻、岩画等历史遗迹。带孩子来这里，可以在汹涌的瀑布脚下的水潭中泛舟畅游，看密密麻麻的鸟群在头顶飞翔；或步行穿越古老的砂岩绝壁地区。

亲子旅行资讯

Kakadu Hwy.,Jabiru Northern Territory

www.parksaustralia.gov.au

08-89381120

林道薰衣草农场

林道薰衣草农场（Lyndoch Lavender Farm）位于芭萝莎郊区，每年的8月至次年1月末，农场会迎来薰衣草的花季，此时会有多达90余种薰衣草相继绽放，色彩绚丽，沁人心脾，这个薰衣草天堂能满足你对于薰衣草的一切幻想。带着孩子来到这里，可以沿着花田步道漫步，悠闲欣赏各种薰衣草的风姿。在欣赏薰衣草的同时，还能在田间的咖啡馆里品尝加入了薰衣草的饼干或者薰衣草冰激凌，喝喝薰衣草茶，无比逍遥惬意！农场里还有纪念品商店，内部有种类繁多的与薰衣草相关的商品出售，一定能你此行无憾！

亲子旅行资讯

- Hoffnungsthal Rd.& Tweedies Gully Road, Lyndoch SA.（农场咖啡馆）
- 在阿德莱德公交车站搭乘芭萝莎公交车（Barossa Valley Coaches）前往，车程1.5小时
- www.lyndochlavenderfarm.com.au
- 2澳元
- 2～7月仅在周末和公众假日开放，开放时间10:00～16:30；8月至次年1月天天开放，开放时间10:00～16:30
- 08-85244538

菲德尔山国家公园

菲德尔山国家公园（Mt Field National Park）坐落在达尔文以南约120千米处，是澳大利亚历史悠久的国家公园之一。这里有富于变化的自然景观，如壮观的瀑布、繁茂的热带雨林、陡峭的砂岩悬崖，还有奇妙的白蚁墩、清澈见底的天然游泳池。由于这里距离达尔文市较近，交通及配套设施比较完善，当地居民在度假、休闲期间便喜欢到这里来。

亲子旅行资讯

- 66 Lake Dobson Road,National Park TAS
- 自驾车由霍巴特往西北走国道1号，经由A10公路，车程1小时30分钟
- 24澳元
- www.parks.tas.gov.au
- 10:00～17:00
- 03-62881149

由于菲德尔山国家公园位于高海拔地区，游玩时记得携带御寒衣物、雨具及登山鞋。

塔斯马尼亚皇家植物园

塔斯马尼亚皇家植物园（Royal Tasmanian Botanical Gardens）建于1818年，是澳大利亚第二古老的植物园。园区小巧而精致，颇值得一逛。在塔斯马尼亚展示区，可观赏到从山区到海边的各种植物，还可以观赏到许多原产于澳大利亚的植物。如果参观时正赶上花季，在药草花园和玫瑰园内还能邂逅百花绽放、香气袭人的景象。花园西侧栽种着许多树木，是享受森林浴的最佳去处。

亲子旅行资讯

- Lower Domain Road, Hobart TAS
- 搭乘开往Eastern Shore的公交车，在Stop 4站下
- 免费
- 03-61660451

乌卢鲁-卡塔楚塔国家公园

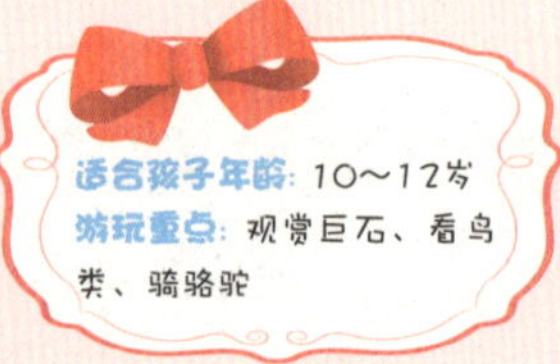

乌卢鲁-卡塔楚塔国家公园（Uluru-Kata Tjuta National Park）位于澳大利亚的红土中心北领地，园内最有名的是艾尔斯巨石。艾尔斯巨石是世界上最大的整体岩石，它突兀于茫茫荒原之上，在耀眼的阳光下散发出迷人的光辉。在这块巨岩之中有很多泉眼、水洞、石穴和古老壁画，十分令人惊艳。国家公园内还有约200种鸟，且很多都是珍贵的稀有品种，比如鲜红胸鹦鹉、灰蚊蜜鸟等。带孩子前来这里，可以通过骑骆驼、骑摩托车以及乘直升机等方式游览国家公园的特色美景。

亲子旅行资讯

- Lasseter Hwy., Uluru
- 在Alice Springs乘坐灰狗巴士、AAT Kings公司的巴士前往，或在康奈兰机场参加旅行团
- www.Parksaustralia.gov.au
- 08-89561128

潮爸辣妈提示

若自驾去艾尔斯巨石需要带好充足的汽油、水和食物，因为沿途没有加油站；公园内苍蝇很多，记得要带防苍蝇的帽子，同时需要做好防晒工作，多喝水，尽量在阴凉处行走，否则徒步时会中暑；不要攀登巨石；早上的乌卢鲁非常冷，需准备足够厚的外套。

菲德尔山国家公园

大眼瞪小眼

场合： 各种交通工具上
道具： 无
人数： 2人
规则： 父亲/母亲和孩子面对面近距离坐着，眼睛看着眼睛，不能移开目光，也不能眨眼，谁先眨眼或者谁先笑等，就算输，要接受惩罚（唱歌、背诗等）。

数数字

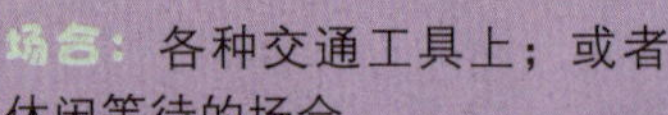

场合： 各种交通工具上；或者休闲等待的场合
道具： 无
人数： 4人以上
规则： 父亲/母亲和孩子若有4人以上围坐在一起（不足也可加上别的游客），选定数字，比如3（可以2～9），从某个人开始喊1，下一个喊2，到3结尾或者3的倍数的数字时，不能喊出来，只能在桌子上轻轻击打一下，下一个喊4以此类推。

摸耳朵

场合： 各种交通工具上
道具： 无
人数： 2人
规则： 父亲/母亲和孩子摸对方的耳朵，不准用手抓住对方的手来阻止，而要在偏头躲避的同时去摸对方的耳朵。

猜数字

场合： 各种等待的场合
道具： 3个签，“满汉全席”（每个人都为其夹一份食物，必须吃完），“替罪羊”（抽到谁，在房间内可以让他做一件事情，比如背你绕一圈等），“唱首歌”。
人数： 3人以上
规则： 其中一个人写个数字（1～100），然后其他人猜，每猜一次范围缩小，最后猜中的人倒霉挨罚（抽3签之一）。下一轮由受罚者写数字，依此循环。

猜牙签

场合： 就餐前

道具： 牙签若干

人数： 3人以上

规则： 父亲/母亲和孩子在饭桌上的经典游戏。根据参加游戏的人数，准备好同样数量的牙签。父亲/母亲把一定数量（1根到全部）的牙签捏在手里，让其余人依次猜有几根。不幸猜中者，受罚，作为下一轮的主持人继续游戏。

贴牌

场合： 随意

道具： 一副扑克牌，拿走大小王

人数： 3人以上

规则： 父亲、母亲和孩子一人抽一张牌，贴在额头上自己不许看自己的牌面，但却能看到别人的。A最大，2最小，同一个点数，花色从大到小依次为黑桃、红桃、草花、方块，大家开始依次根据别人的牌面和表情，猜测自己牌点是不是最小的。如果觉得自己最小，可以放弃，接受轻微惩罚，但不许看牌面，游戏继续进行。直到大家都不放弃时，亮牌，最小者受罚。

益智玩具

拼图

无论是把碎片拼接在一起形成完整图案的拼图，还是在固定的方框版里移动小木块至合适位置行程完整图案的拼图，都非常受孩子喜爱，在旅途中有这样的玩具，好静的孩子一般能玩好几个小时。最好能给孩子专门备一个装玩具的行李箱，里面装各种类型的玩具。不要装玩具刀剑等。

七巧板

七巧板源于中国，自古以来就是益智类的玩具，一副七巧板可拼成千种以上图形，如果配合两副或以上的七巧板，甚至可以做出一幅画。

T字谜

T字谜也是民间智慧的结晶，只有4块，所以也称“四巧板”，有2个版本，一种是可以拼出“石条”形状的“T字之谜”，提供100种参考图案；另一种是不能拼出“石条”的“T字之谜”，提供了218种参考图案，也有人提供过338种参考图案。

中国驻澳大利亚使领馆

中国驻澳大利亚使领馆信息				
名称	地址	电话	网址	所辖城市
中国驻澳大利亚大使馆	15 Coronation Drive, Yarralu-mla, ACT 2600 Australia	02-62734780	www.au.china embassy.org	堪培拉、阿德莱德、达尔文
中国驻悉尼总领事馆	39 Dunblane Street, Campe-rdown, NSW 2050 Sydney	02-85958002	www.sydney.chineseconsulate.org	悉尼
中国驻墨尔本总领事馆	75-77 Irving Road, Toorak, VIC 3142	03-98043683	www.melbourne.chineseconsulate.org	墨尔本和霍巴特
中国驻珀斯总领事馆	45 Brown Street, East Perth, WA 6004	08-92218933	perth.china-consulate.org	珀斯
中国驻布里斯班总领事馆	140 Ann Street, Brisbane QLD 4000	07-30316300	www.brisbane.chineseconsulate.org	布里斯班、黄金海岸、凯恩斯

澳大利亚的应急电话

澳大利亚的应急电话汇总	
名称	电话
紧急求助（救护车、火警、警察）	000
24小时医疗中心	07-40521119
市立医院	07-40506333
澳大利亚移民及多元文化事业部	131881
中华人民共和国驻澳大利亚大使馆	02-62734780
凯恩斯华人会	07-40323688或 07-40565325

澳大利亚的世界遗产

澳大利亚世界遗产名录			
中文名称	英文名称	列入时间	类别
大堡礁	Great Barrier Reef	1981年	世界自然遗产
卡卡杜国家公园	Kakadu National Park	1981年，1987年、1992年扩展范围	世界文化自然遗产
威兰德拉湖区	Willandra Lakes Region	1981年	世界文化自然遗产
豪勋爵群岛	Lord Howe Island Group	1982年	世界自然遗产
塔斯马尼亚荒原	Tasmanian Wilderness	1982年，1992年扩展范围，2010年范围略作修改	世界文化自然遗产
澳大利亚冈瓦纳雨林	GondwanaRainforests of Australia	1986年，1994年扩展范围，2007年扩展范围后更名为现名称	世界自然遗产

续表

中文名称	英文名称	列入时间	类别
乌卢鲁－卡塔楚塔国家公园	Uluru-Kata Tjuta National Park	1987年，1994年扩展范围	世界文化自然遗产
昆士兰湿热带地区	Wet Tropics of Queensland	1988年	世界自然遗产
西澳大利亚鲨鱼湾	SharkBayWestern Australia	1991年	世界自然遗产
弗雷泽岛	Fraser Island	1992年	世界自然遗产
澳大利亚哺乳动物化石遗址	Australian Fossil Mammal Sites	1994年	世界自然遗产
赫德岛和麦克唐纳群岛	Heard and McDonald Islands	1997年	世界自然遗产
麦夸里岛	Macquarie Island	1997年	世界自然遗产
大蓝山山脉地区	Greater Blue Mountains Area	2000年	世界自然遗产
波奴鲁鲁国家公园	Purnululu National Park	2003年	世界自然遗产
皇家展览馆和卡尔顿园林	Royal Exhibition Building and Carlton Gardens	2004年	世界文化遗产
悉尼歌剧院	Sydney Opera House	2007年	世界文化遗产
澳大利亚罪犯流放地遗址	Australian Convict Sites	2010年	世界文化遗产
宁格罗海岸	Ningaloo Coast	2011年	世界自然遗产

澳大利亚的博物馆

澳大利亚的博物馆名录			
中文名	英文名	地址	特色
澳大利亚国立海洋博物馆	Australian National Maritime Museum	2 Murray Street, Sydney	有帆船、军舰模型，游客可以更深入了解澳大利亚海洋历史
澳大利亚国立美术馆	National Gallery of Australia	Parkes Place,Parkes, Canberra	展示了澳大利亚艺术的灵魂与魅力
澳大利亚国家博物馆	National Museum of Australia	Lawson Crescent Acton,Canberra	原住民的版画、石雕等艺术珍品
维多利亚国家美术馆	National Gallery of Victoria	180 St. Kilda Rd., Melbourne VIC	收藏着来自原住民、亚洲、欧洲及前哥伦比亚时代的世界级的艺术珍品
西澳大利亚博物馆	Western Australian Museum	James St.,Northbridge WA	收藏大量的地质生物化石和原住民的工艺美术品
悉尼犹太博物馆	Sydney Jewish Museum	148 Darlinghurst Road, Darlinghurst ,Sydney	馆内讲述和展出犹太文化习俗，以及早期犹太人在澳大利亚定居的历史
西澳海事博物馆	Western Australian Maritime Museum	Victoria Quay,Peter Hughes Dr.,Fremantle WA	展示海难沉船后所发现的各种零件与许多宝石、钱币等贵重物品，以及澳洲原住民的木舟等
墨尔本博物馆	Melbourne Museum	11 Nicholson St., Carlton,Melbourne	主要有澳洲历史馆、植物馆、儿童馆、原住民艺术馆、科技馆、人类生命起源馆、动物馆、未来馆等
昆士兰博物馆	Queensland Museum	Crn Grey & Melbourne Streets South Brisbane QLD 4101	展出的物品包括珍贵的化石和钻石标本，以及昆士兰已经灭绝物种的样本
澳大利亚战争纪念馆	Australian War Memorial	Treloar Crescent, Campbell,Canberra	收藏有各种展览品、飞机、模型、复制品和图画

带3～6岁孩子出游

带3～6岁孩子出行，家长最头疼的莫过于给孩子准备的行李，下面根据孩子的年龄、所带的物品做了以下整理，可供家长参考。

带3～6岁孩子出游行李准备			
年龄段	分类	物品明细	详情
3～6岁	喂食器具	瓶刷	否则瓶子刷不干净
		奶瓶和奶嘴	够一天喂食即可
		配方奶粉	够旅途中所需即可
		汤匙	方便喂孩子吃东西
		防溢杯	以免溢出
		旅行水壶	方便烧开水
	应急食物	巧克力	一盒
		薄脆饼干	一包
		糖果	一盒
		葡萄干	几包
	卫生用品	便携式尿垫	在外行走时方便
		胶带	以防尿布上的固定带失效
		湿巾	防止皮肤感染
		尿壶	方便孩子起夜
	婴儿车和背带	背带	把婴儿固定在胸前，方便安全
		婴儿车	方便孩子路途睡觉
		汽车座椅	自驾必备
	其他	旅行床	节省住宿加床的开支
		衣服	宽松、轻便棉质衣服
		玩具	写字板、趣味书、彩笔、玩偶等

儿童安全顺口溜

出国游玩需牢记，交通安全很重要
行走应按人行道，没有行道往右靠
天桥地道横行道，横穿马路离不了

莫与车辆去抢道，嬉戏不往路上跑
骑车更要守规则，不要心急闯红灯
乘车安全要注意，遵守秩序把队排
手头不能伸窗外，扶紧把手莫忘记

生人靠近要当心，不让碰到自己身
给你美食先感谢，婉言拒绝莫惹火

抓紧爸妈衣襟角，跑丢不要太慌张
先找交警求帮助，也可打车回住处

住进酒店小当家，水火电器勿触摸
爸妈在旁才使用，有事先向警察报
欢度节日搞庆典，烟花爆竹慎重放

火灾面前莫着慌，报警逃生两不忘
明火暗火卷烟头，看见就要速远离
如遇水灾更别慌，先找身边的木桩
如有救生衣在旁，快速穿上等救援